мәктәп - shule — 2
сәяхәт - usafiri — 5
транспорт - usafiri — 8
шәһәр - jiji — 10
тирә-юнь - mazingira — 14
ресторан - mgahawa — 17
супермаркет - dukakuu — 20
эчемлеклəр - vinywaji — 22
азык - chakula — 23
ферма - shamba — 27
йорт - nyumba — 31
кунак бүлмәсе - sebuleni — 33
аш бүлмәсе - jikoni — 35
юыну бүлмәсе - bafu — 38
бала бүлмәсе - chumba ya mtoto — 42
кием - nguo — 44
офис - ofisi — 49
икътисад - uchumi — 51
һөнәрләр - kazi — 53
аләтләр - zana — 56
музыка аләтләре - ala za muziki — 57
хайван бакчасы - bustani ya wanyama — 59
спорт төрләре - michezo — 62
иткенлекләр - shughuli — 63
гаилә - familia — 67
тән - mwili — 68
хастаханә - hospitali — 72
кичектергесез хәл - dharura — 76
Җир - dunia — 77
сәгать - saa — 79
атна - wiki — 80
ел - mwaka — 81
формалар - maumbo — 83
төсләр - rangi — 84
капма-каршылыклар - kinyume — 85
саннар - nambari — 88
телләр - lugha — 90
кем / нәрсә / ничек - ambao / nini / jinsi — 91
кайда - wapi — 92

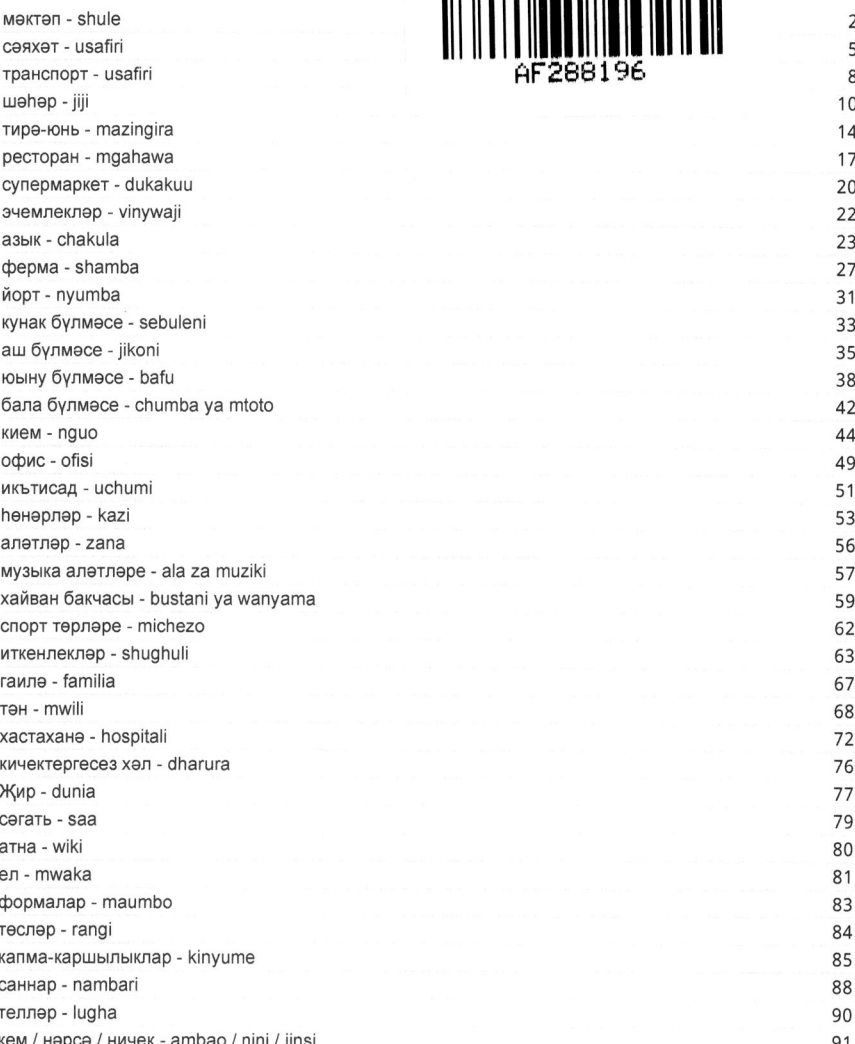

Impressum
Verlag: BABADADA GmbH, Nedderfeld 112 , 22529 Hamburg
Geschäftsführer / Verlagsleitung: Harald Hof
Druck: Books on Demand GmbH, In de Tarpen 42, 22848 Norderstedt

Imprint
Publisher: BABADADA GmbH, Nedderfeld 112 , 22529 Hamburg, Germany
Managing Director / Publishing direction: Harald Hof
Print: Books on Demand GmbH, In de Tarpen 42, 22848 Norderstedt

мәктәп

shule

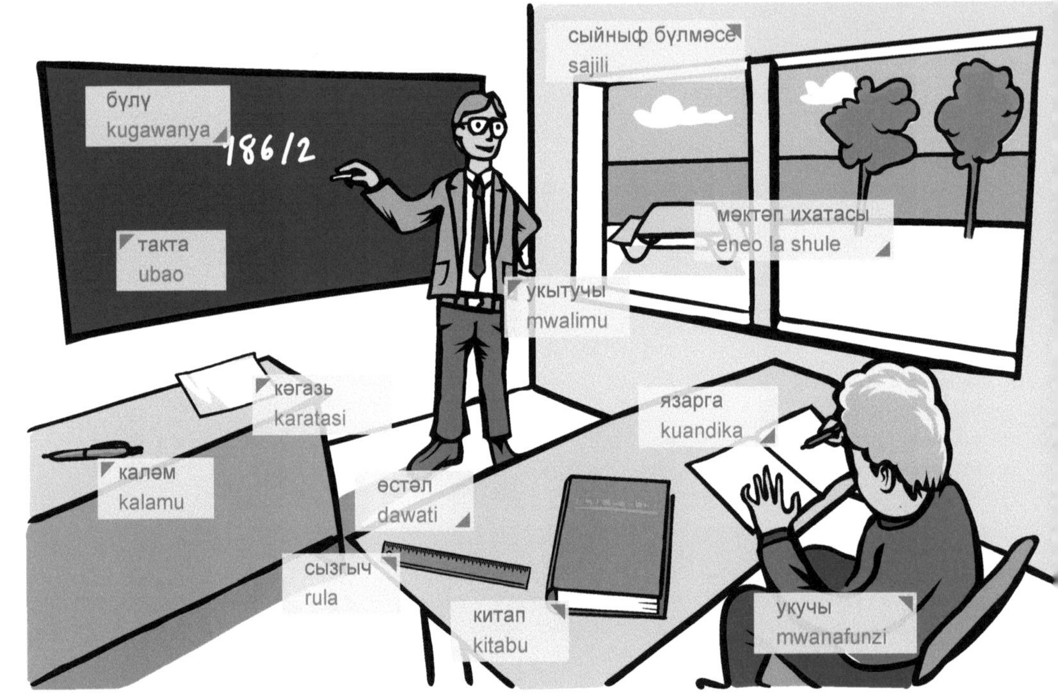

сыйныф бүлмәсе
sajili
бүлү
kugawanya
186/2
такта
ubao
мәктәп ихатасы
eneo la shule
укытучы
mwalimu
кәгазь
karatasi
язарга
kuandika
каләм
kalamu
өстәл
dawati
сызгыч
rula
китап
kitabu
укучы
mwanafunzi

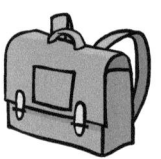

букча
mkoba

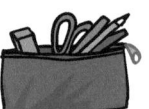

каләмдан
kikasha cha penseli

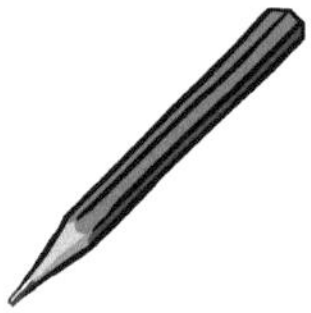

кырандаш
penseli

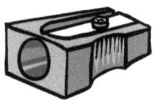

каләм очлагыч
kichonga penseli

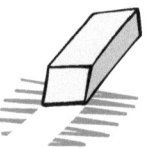

бетергеч
mpira

рәсем дәфтәре
pedi ya kuchora

рәсем

uchoraji

пумала

brashi ya rangi

буяулар тартмасы

sanduku la rangi

кайчы

mkasi

җилем

gundi

дәфтәр

daftari

өй эше

kazi ya nyumbani

12

сан

nambari

2+2

кушу

jumlisha

5-2

алу

ondoa

2×2

тапкырлау

zidisha

исәпләү

kokotoa

A

хәреф

barua

ABCDEFG HIJKLMN OPQRSTU VWXYZ

әлифба

alfabeti

сүз

neno

текст

maandishi

укырга

kusoma

акбур

chaki

дәрес

somo

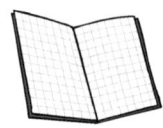

сыйныф журналы

sajili

имтихан

uchunguzi

сертификат

cheti

мәктәп формасы

sare za shule

мәгариф

elimu

энциклопедия

elezo

университет

chuo kikuu

микроскоп

darubini

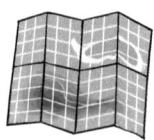

харита

ramani

чүп кәгазь чиләге

kikapu cha kuweka karatasi
chafu

сәяхәт

usafiri

кунакханә
hoteli
Grand
хостел
hosteli
ROOMS
валюта бюросы
ofisi ya ubadilishanaji
баул
sanduku
автомобиль
gari

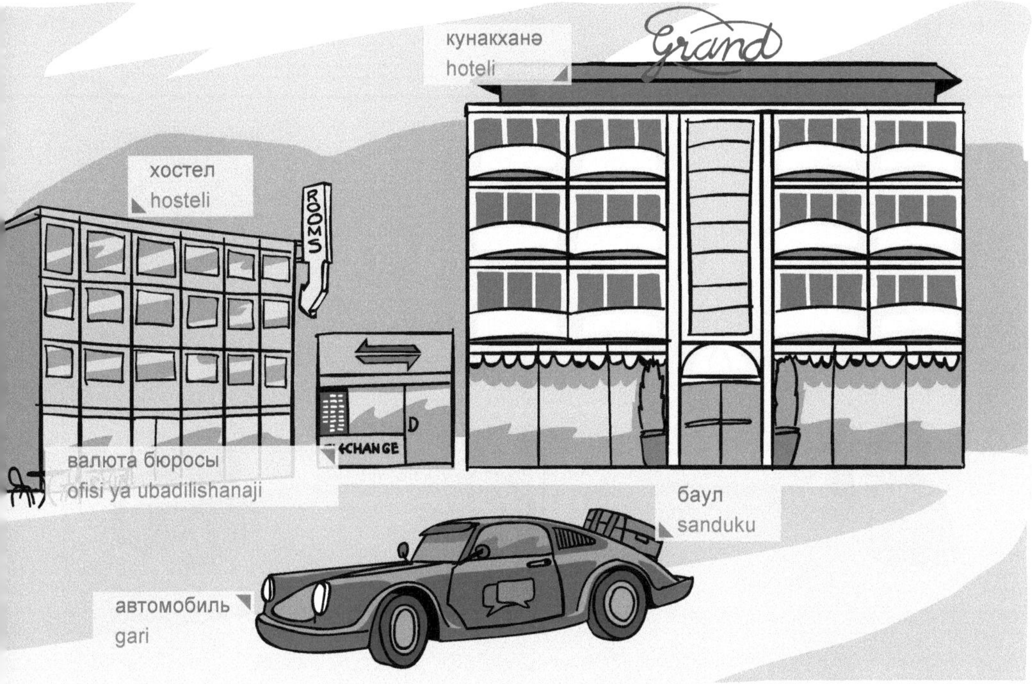

тел

lugha

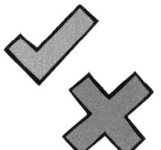

әйе / юк

ndiyo / la

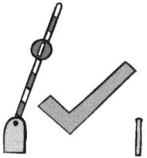

ярар

sawa

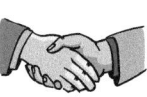

исәнмесез

hujambo

тәрҗемәче

mtafsiri

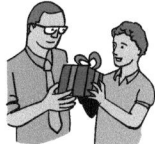

Рәхмәт

Asante

... күпме тора?

kiasi gani ni ...?

мин аңламыйм

Sielewi

проблем

tatizo

Хәерле кич!

Jioni njema!

Хәерле иртә!

Habari za asubuhi!

Тыныч йокы!

Usiku mwema!

сау булыгыз

kwa heri

юнәлеш

mwelekeo

багаж

mizigo

букча

mfuko

биштәр

shanta

кунак

mgeni

бүлмә

chumba

йокы капчыгы

begi la kulalia

чатыр

hema

турист мәгълуматы

taarifa ya utalii

комсал

ufuo

кредит кәрте

kadi

иртәнге аш

kifunguakinywa

төшлек

chakula cha mchana

кичке аш

chakula cha jioni

билет

tiketi

лифт

kuinua

марка

muhuri

чик

mpaka

тамгаханә

mila

илчелек

ubalozi

виза

visa

паспорт

pasipoti

транспорт

usafiri

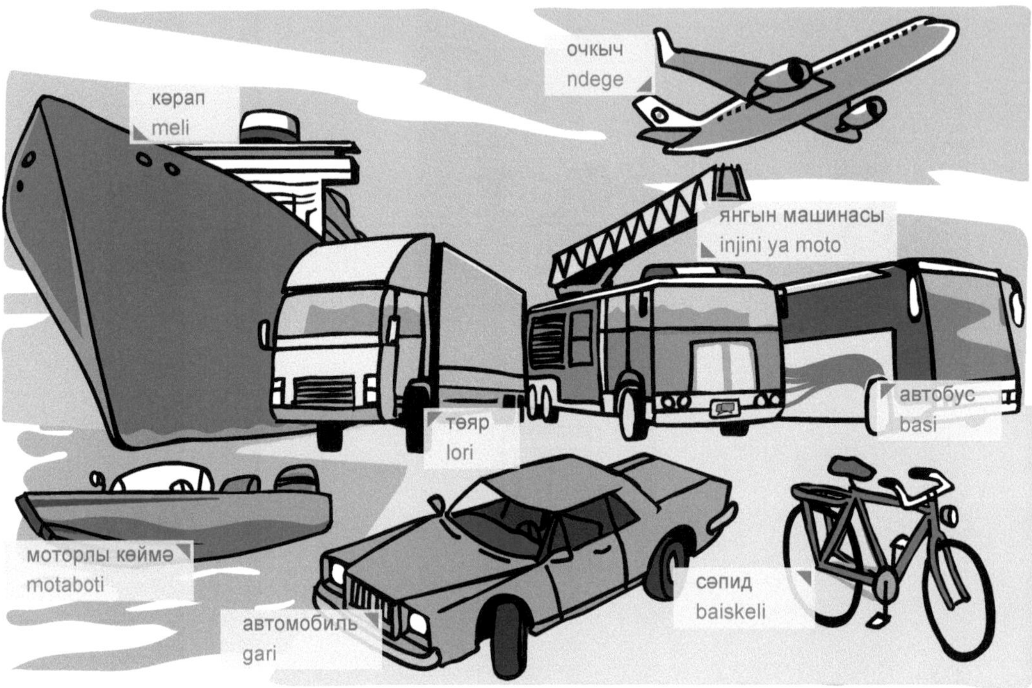

очкыч
ndege
кәрап
meli
янгын машинасы
injini ya moto
автобус
basi
төяр
lori
моторлы көймә
motaboti
сәпид
baiskeli
автомобиль
gari

борам

feri

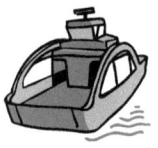

көймә

mashua

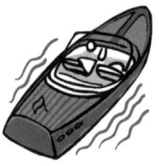

мотоцикл

pikipiki

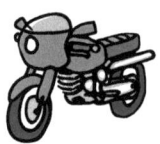

полиция машинасы

gari la polisi

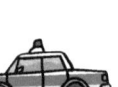

узыш машинасы

gari la mashindano

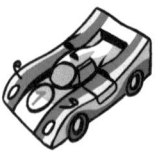

киралык машина

gari la kukodisha

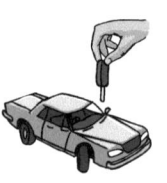

каршеринг

kushiriki gari

тартучы

lori la kuvuta

чүп төяре

ukusanyaji taka

мотор

motor

ягулык

mafuta

бензинлек

kituo cha mafuta

трафик билгесе

ishara trafiki

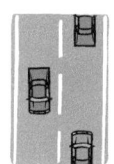

хәрәкәт

trafiki

бөке

msongamano

паркинг

maegesho

вокзал

kituo cha treni

рельс

reli

поезд

garimoshi

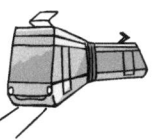

трамвай

tremu

вагон

gari la mizigo

боралак

helikopta

һава аланы

uwanja wa ndege

манара

mnara

юлчы

abiria

контейнер

chombo

алап

katoni

йөк арбасы

mkokoteni

сәбәт

kikapu

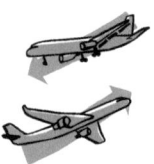

калку / төшү

ondoka

шәһәр

jiji

авыл

kijiji

шәһәр үзәге

katikati ya jiji

йорт

nyumba

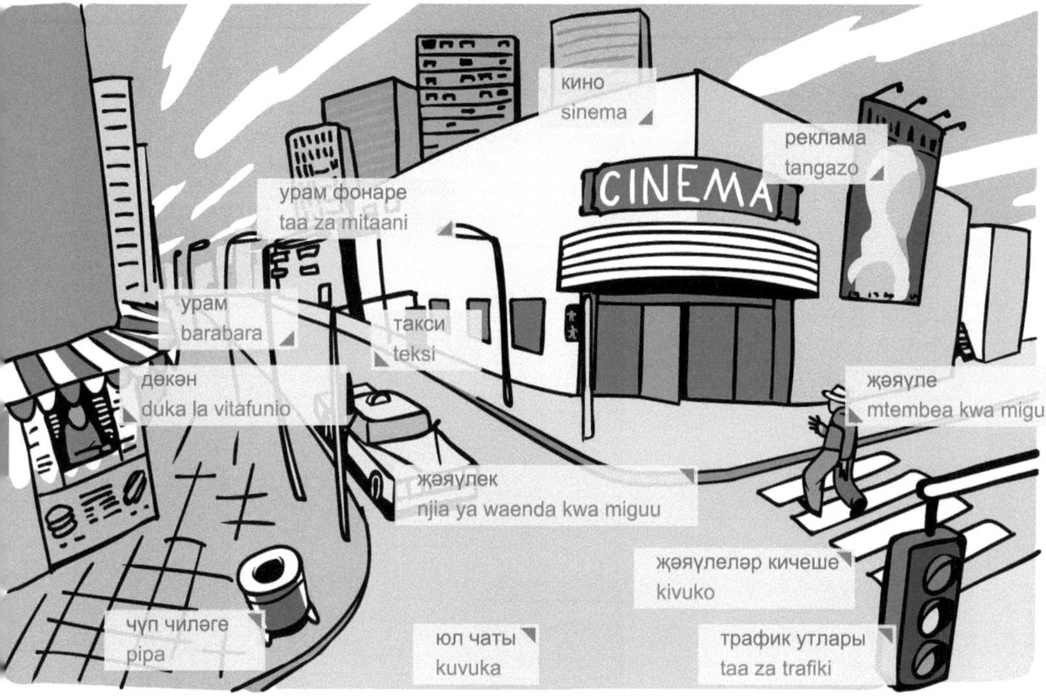

кино
sinema

реклама
tangazo

урам фонаре
taa za mitaani

CINEMA

урам
barabara

такси
teksi

дөкән
duka la vitafunio

жәяуле
mtembea kwa miguu

жәяулек
njia ya waenda kwa miguu

жәяулеләр кичеше
kivuko

чүп чиләге
pipa

юл чаты
kuvuka

трафик утлары
taa za trafiki

алачык
kibanda

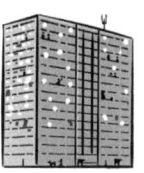

фатир
gorofa

вокзал
kituo cha treni

шәһәр хакимияте
ukumbi wa mji

ядкәрханә
Makavazi

мәктәп
shule

университет

chuo kikuu

банк

benki

хастаханә

hospitali

кунакханә

hoteli

даруханә

duka la dawa

офис

ofisi

китап кибете

duka la kitabu

кибет

duka

чәчәк кибете

duka la maua

супермаркет

dukakuu

базар

soko

зур кибет

idara ya kuhifadhi

балык кибете

mwuza samaki

сәүдә үзәге

kituo cha ununuzi

лиман

bandari

парк

Hifadhi

эскәмиә

benki

күпер

daraja

баскыч

vidato

метро

chini ya ardhi

тоннель

handaki

автобус тукталышы

kituo cha mabasi

бар

bar

ресторан

mgahawa

ямыл тартмасы

sanduku la posta

урам билгесе

ishara ya barabara

паркинг санагычы

mita ya maegesho

хайван бакчасы

bustani ya wanyama

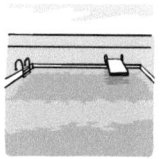

хәвезханә

kidimbwi cha kuogelea

мәчет

msikiti

ферма

shamba

керлелек

uchafuzi

зират

makaburini

чиркәү

kanisa

уен аланы

uwanja wa michezo

гыйбадәтханә

hekalu

тирә-юнь

mazingira

яфрак
jani

юл күрсәткече
ishara ya mwelekeo

юл
njia

болын
malisho

таш
jiwe

агач
mti

йөрешче
mtembeaji wa masafa

елга
mto

үлән
nyasi

чәчәк
ua

үзән
bonde

калкулык
kilima

күл
ziwa

урман
msitu

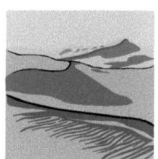

чүл
jangwa

янартау
volkano

ныгытма
ngome

салават күпере
upinde wa mvua

гөмбә
uyoga

пальма
mtende

черки
mbu

чебен
kuruka

кырмыска
chungu

бал корты
nyuki

үрмәкүч
buibui

коңгыз

mende

бака

chura

тиен

kuchakuro

керпе

nungunungu

куян

sungura

ябалак

bundi

кош

ndege

аккош

swan

кабан дуңгызы

nguruwe mwitu

болан

kulungu

пошый

aina ya kongoni

туан

bwawa

җир турбины

tabo ya upepo

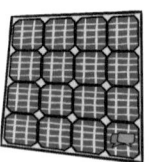

кояш панеле

nishaji ya jua

икълим

hali ya hewa

ресторан

mgahawa

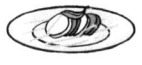

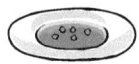

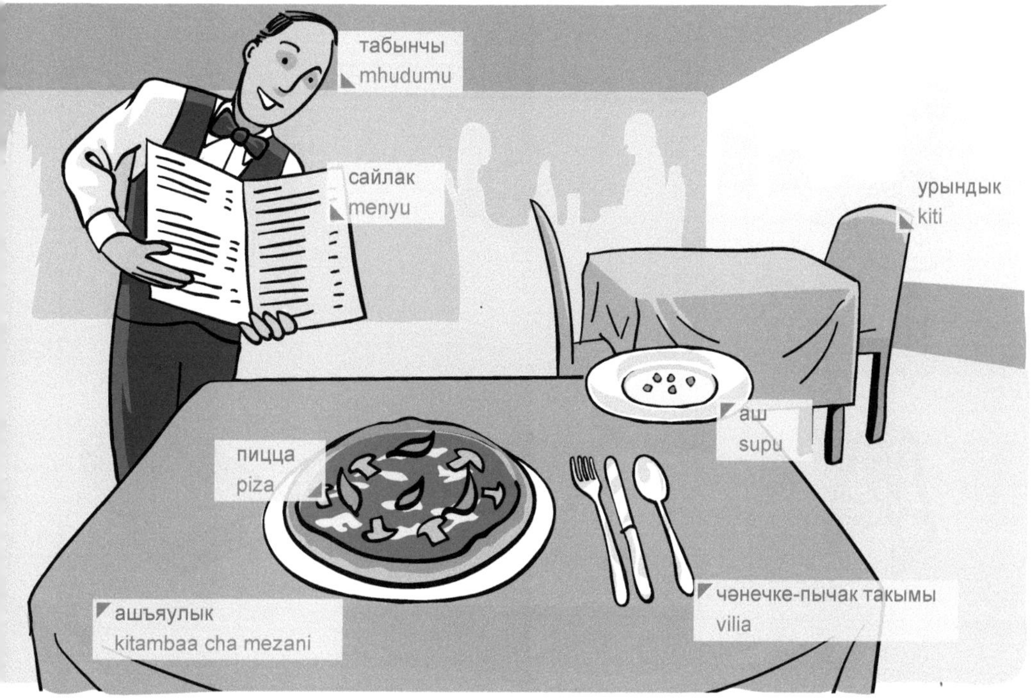
табынчы
mhudumu
сайлак
menyu
урындык
kiti
аш
supu
пицца
piza
ашъяулык
kitambaa cha mezani
чәнечке-пычак такымы
vilia

кабымлык

kiamsha hamu

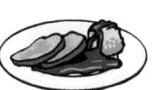

төп ашамлык

kozi kuu

татлы

kitindamlo

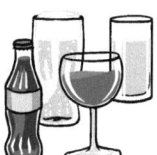

эчемлекләр

vinywaji

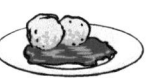

азык

chakula

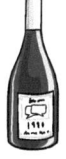

шешә

chupa

фастфуд

chakula cha haraka

урам ризыгы

Streetfood

чәйгүн

buli

шикәр савыты

kisanduku cha sukari

салым

sehemu

эспрессо машины

mashine ya espresso

биек урындык

kiti kirefu

хисап

muswada

төгер

trei

пычак

kisu

чәнечке

uma

кашык

kijiko

чәй кашыгы

kijiko cha chai

тастымал

nepi

тустаган

glasi

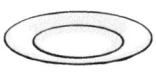

табак

sahani

аш табагы

sahani ya supu

җәйпәк

sufuria

соус

mchuzi

тоз савыты

kichanyaji chumvi

борыч тегермәне

kinu cha pilipili

серкә

siki

сыек май

mafuta

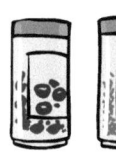

тәмләткеч

viungo

кетчуп

kechapu

хәрдәл

haradali

майонез

kachumbari nzito

супермаркет
dukakuu

махсус тәкъдим
ofa maalum
FOR
сатып алучы
mteja
сөт эшләнмәләре
maziwa
җимеш
matunda
кибет арбасы
toroli

BUTCHERS

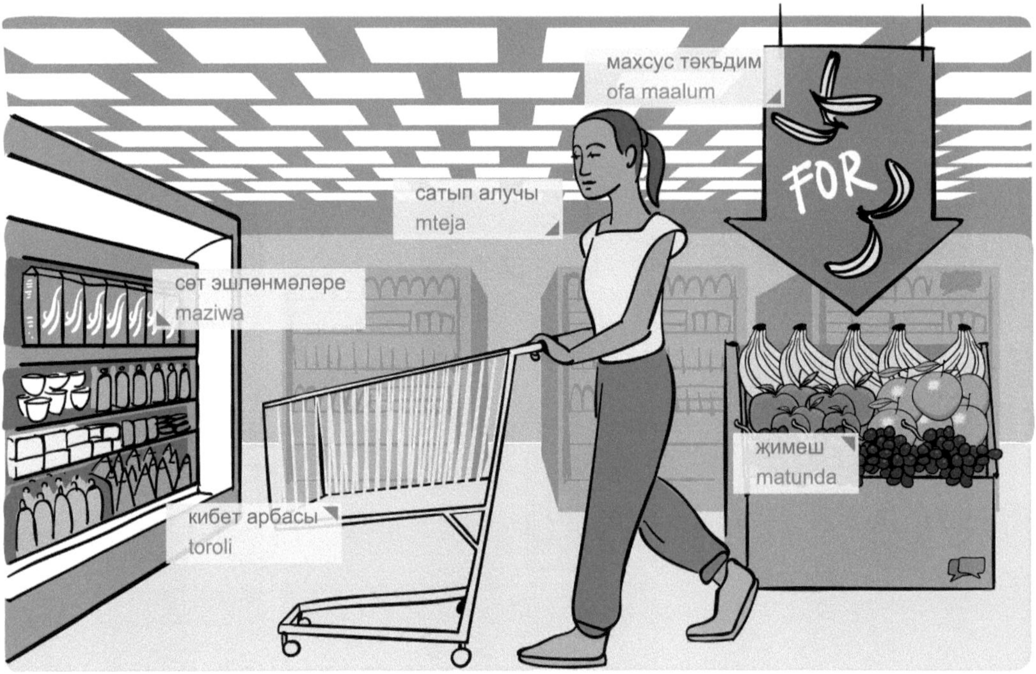

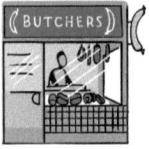

ит кибете

mchinjaji

BAKERY

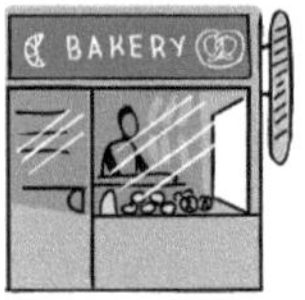

икмәкханә

mwokaji

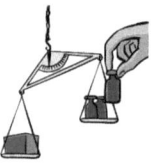

үлчәү

uzito

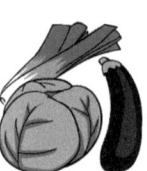

яшелчә

mboga

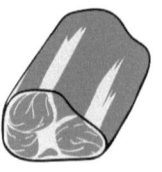

ит

nyama

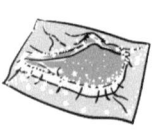

туңдырылган ашамлыклар

chakula waliohifadhiwa

суык ит

vipande vya nyama baridi

кәнсирләнгән ашамлык

chakula cha kopo

кер юу порошогы

sabuni ya unga

шикәрләмәләр

pipi

әй эшләнмәләре

bidhaa za kaya

тәмизлек эшләнмәләре

bidhaa za kusafisha

сатучы

mtu mauzo

язучы касса

mpaka

кассир

keshia

сатып алу исемлеге

orodha ya manunuzi

эш вакыты

masaa ya ufunguzi

калта

mkoba

кредит кәрте

kadi

букча

mfuko

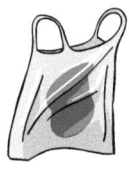

пластик капчык

mfuko wa plastiki

су

maji

сут

sharubati

сөт

maziwa

кола

coke

шәраб

mvinyo

сыра

bia

хәмер

pombe

какао

kakao

чәй

chai

кahвә

kahawa

эспрессо

spreso

капучино

kapuchino

банан

ndizi

алма

tufaha

әфлисун

machungwa

карбыз

tikiti

лимон

lemon

кишер

karoti

сарымсак

kitunguu saumu

бамбук

mianzi

суган

kitunguu

гөмбә

uyoga

чиклөвекләр

karanga

токмач

nudo

спагетти

spageti

дөге

mpunga

салат

saladi

чипсы

vibanzi

кыздырылган бәрәңге

viazi vya kukaanga

пицца

piza

гамбургер

hambaga

сэндвич

sandwichi

кәтлит

kipande

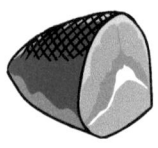

ветчина

paja la mnyama

салями

salami

сосиска

soseji

тавык

kuku

кыздырма

choma

балык

samaki

солы измәсе

oats ya uji

мюсли

muesli

мәккәй кетердеге

cornflakes

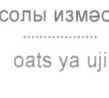

он

unga

круассан

kroisanti

ипи түгәрәге

andazi

икмәк

mkate

тост

mkate wa kubanika

кәтәрмәч

biskuti

май

siagi

эремчек

maziwa mgando

кейк

keki

йомырка

yai

тәбә

yai kukaanga

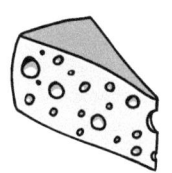

сыр

jibini

туңдырма

aiskrimu

шикәр

sukari

бал

asali

кайнатма

jemu

шоколад измәсе

kuenea kwa chokoleti

карри

mchuzi wa viungo

ферма
shamba

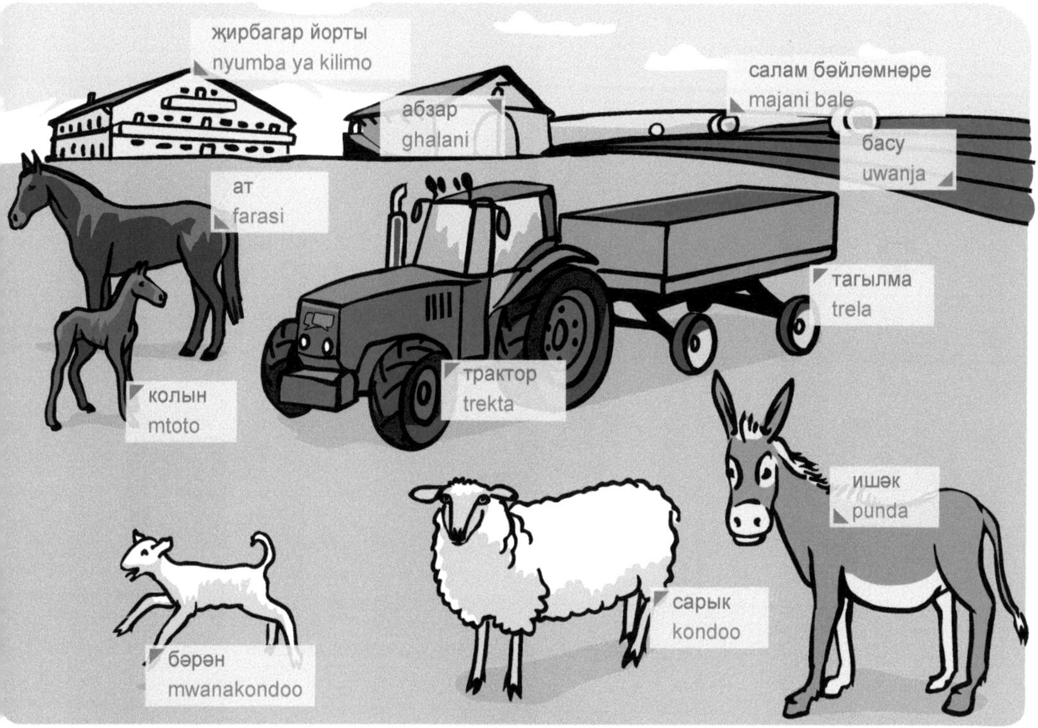

жирбагар йорты
nyumba ya kilimo
абзар
ghalani
салам бәйләмнәре
majani bale
басу
uwanja
ат
farasi
тагылма
trela
трактор
trekta
колын
mtoto
ишәк
punda
сарык
kondoo
бәрән
mwanakondoo

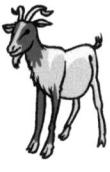

кәҗә
....
mbuzi

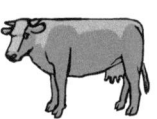

сыер
....
ng'ombe

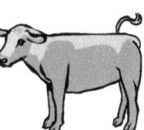

бозау
....
ndama

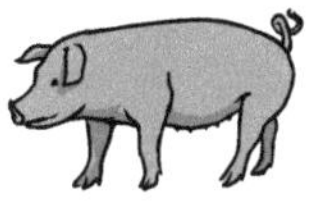

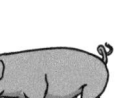

дуңгыз
....
nguruwe

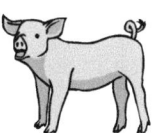

дуңгыз баласы
....
mwananguruwe

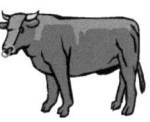

үгез
....
fahali

каз

batabukini

үрдәк

bata

чеби

kifaranga

тавык

kuku

әтәч

jogoo

күсе

panya

песи

paka

тычкан

panya

эш үгезе

ng'ombe

эт

mbwa

эт оясы

nyumba ya mbwa

бакча хортумы

bomba la bustani

сусипкеч

debe la kumwagilia maji

чалгы

fyekeo

сабан

kulima

урак

mundu

китмән

jembe

сәнәк

uma wa nyasi

балта

shoka

кул арбасы

toroli

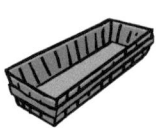

тагарак

kupitia nyimbo

сөт чиләге

chombo cha maziwa

капчык

gunia

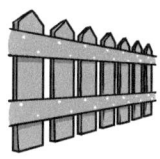

койма

ua

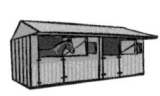

абзар

imara

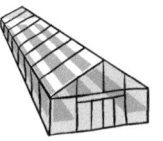

эссеханә

chafu

туфрак

udongo

орлык

mbegu

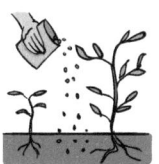

ашлама

mbolea

комбайн

kivunaji

уңыш җыярга

mavuno

уңыш

mavuno

ям

viazi vikuu

бодай

ngano

соя

soya

бәрәңге

viazi

мәккәй

mahindi

рапс

rapa

җимеш агачы

mti wa matunda

маниок

muhogo

бөртеклеләр

nafaka

йорт
nyumba

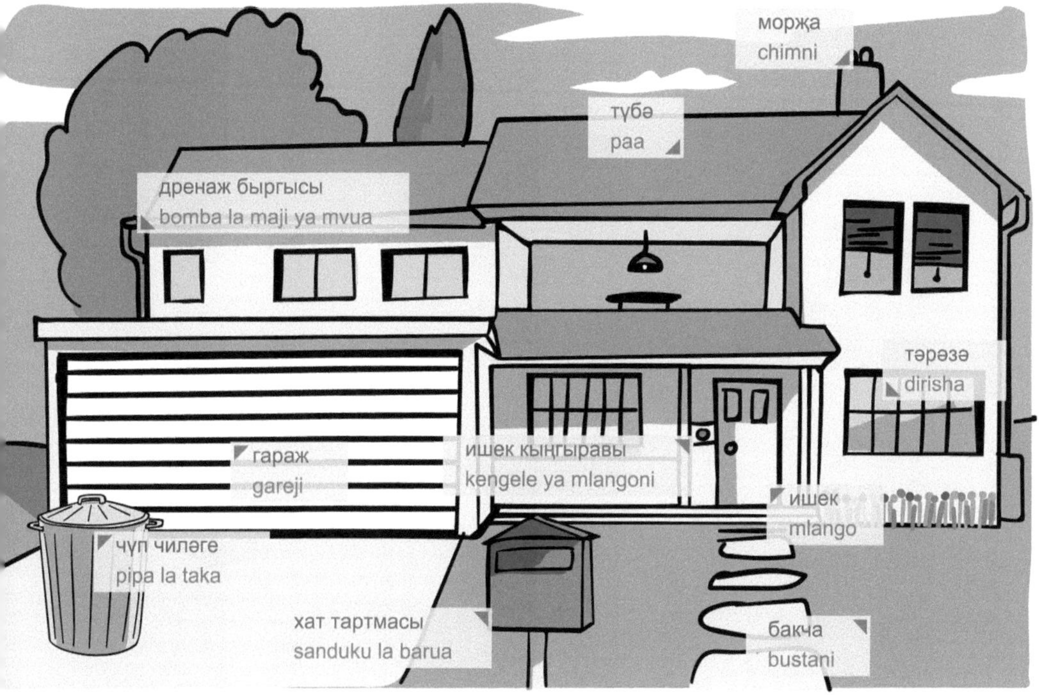
моржа
chimni
түбә
paa
дренаж быргысы
bomba la maji ya mvua
тәрәзә
dirisha
гараж
gareji
ишек кыңгыравы
kengele ya mlangoni
ишек
mlango
чүп чиләге
pipa la taka
хат тартмасы
sanduku la barua
бакча
bustani

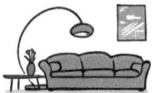

кунак бүлмәсе

sebuleni

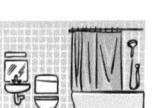

юыну бүлмәсе

bafu

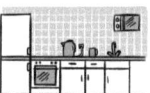

аш бүлмәсе

jikoni

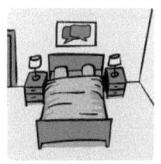

ятак бүлмәсе

chumba cha kulala

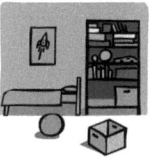

бала бүлмәсе

chumba ya mtoto

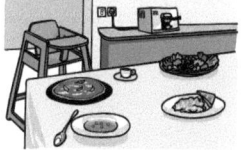

аш бүлмәсе

chumba cha kulia

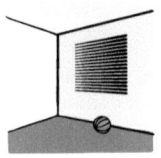

идән

sakafu

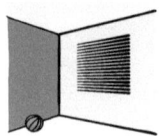

дивар

ukuta

түшәм

dari

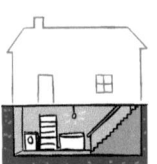

түлә

pishi

сауна

sauna

балкон

roshani

терраса

mtaro

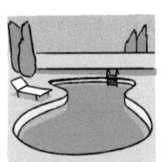

хәвез

kidimbwi

чирәмчапкыч

mashine ya kukata nyasi

җәймә

karatasi

ятак япмасы

kitambaa cha kupamba kitanda

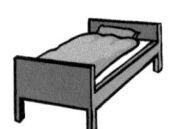

ятак

kitanda

себерке

ufagio

чиләк

ndoo

өзгеч

kubadili

кунак бүлмәсе

sebuleni

дивар көгазе
mandhari
räsem
picha
лампа
taa
киштә
rafu
дулап
kabati
телевизия
televisheni/runinga
чуал
mekoni
чәчәк
ua
мендәр
mto
диван
sofa
нәлбәк
chombo cha maua
ерактан боерма
kitenzambali

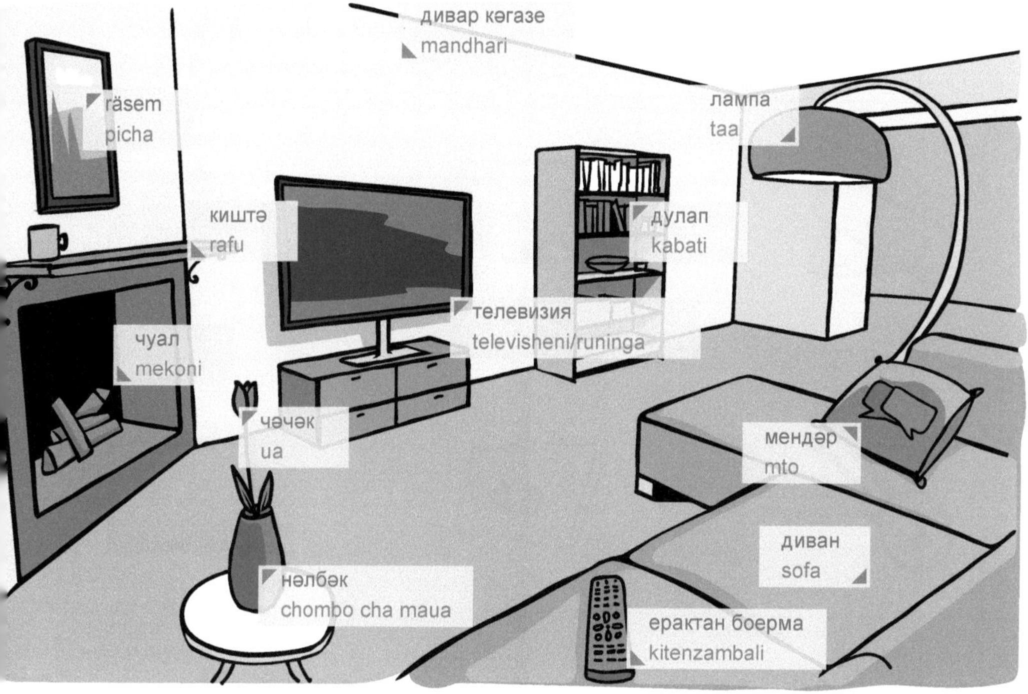

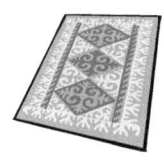

келәм

zulia

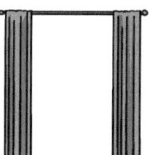

пәрдә

pazia

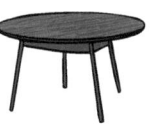

өстәл

meza

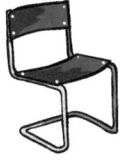

урындык

kiti

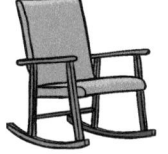

тирбәлмә урындык

kiti cha bembea

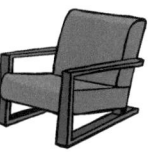

кәнәфи

armchair

китап

kitabu

япма

blanketi

декор

mapambo

утын

kuni

фильм

filamu

hi-fi

kifaa cha hi-fi

ачкыч

ufunguo

гәҗит

gazeti

сурәт

uchoraji

постер

bango

радио

redio

куен дәфтәре

daftari

тузансуыргыч

kifyonza

кактус

dungusi kakati

шәм

mshumaa

аш бүлмәсе
jikoni

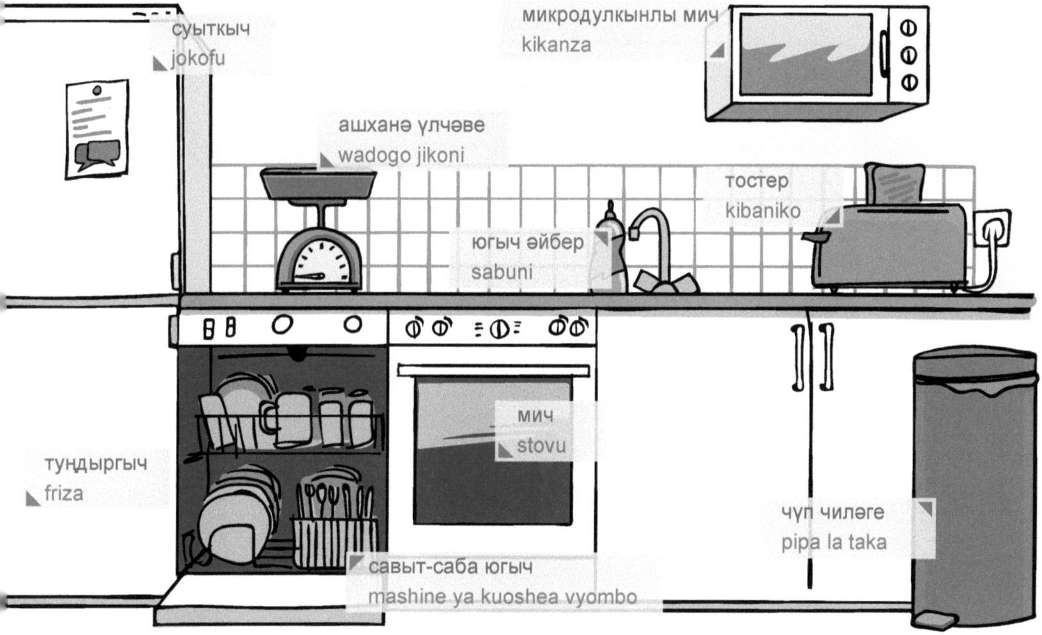
суыткыч
jokofu
микродулкынлы мич
kikanza
ашханә үлчәве
wadogo jikoni
тостер
kibaniko
югыч әйбер
sabuni
мич
stovu
туңдыргыч
friza
чүп чиләге
pipa la taka
савыт-саба югыч
mashine ya kuoshea vyombo

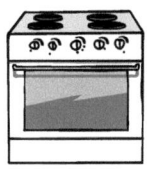

әүсәк

jiko la kupika

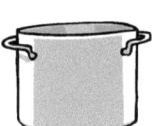

саган

chungu

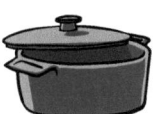

чуен саган

sufuria ya chuma

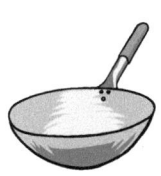

вок

wok / kadai

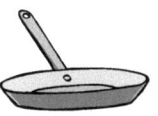

таба

kaango

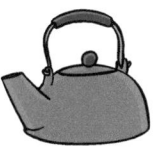

чәйгүн

birika

булы пешергеч

stima

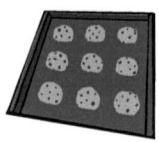

калай

sinia ya kuoka

савыт-саба

vyombo vya udongo

тәгәч

kombe

касә

bakuli

ашау таякчыклары

vijiti vya kulia

уҗау

ukawa

спатула

mwiko mpana

туглагыч

burashi

сөзгеч

kichujio

иләк

chujio

кыргыч

mbuzi

киле

chokaa

барбекю

barbeque

ачык учак

moto wazi

такта

ubao wa majaribio

уклау

kijiti cha kusukuma unga

бөке суыргыч

kizibuo

металл тартма

kopo

кәнсир ачкыч

inaweza kopo

мич бияләе

kishikio cha chungu

киршән

karo

фырча

brashi

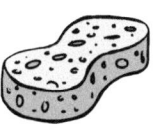

болыт

sifongo

блендер

kisagaji matunda

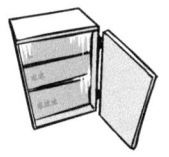

тирән туңдыргыч

friji ya kina

имезлекле шешә

chupa ya mtoto

чөмәк

bomba

юыну бүлмәсе

bafu

җылыту
joto
душ
mfereji wa kuogea
сөлге
taulo
душ пәрдәсе
pazia la kuogea
күбекле ванна
maji ya kuoga yenye povu
ванна
hodhi
тустаган
glasi
кер югыч
mashine ya kuosha
чүмәк
bomba
фаянс
vigae
лаземлек
poti
киршән
karo

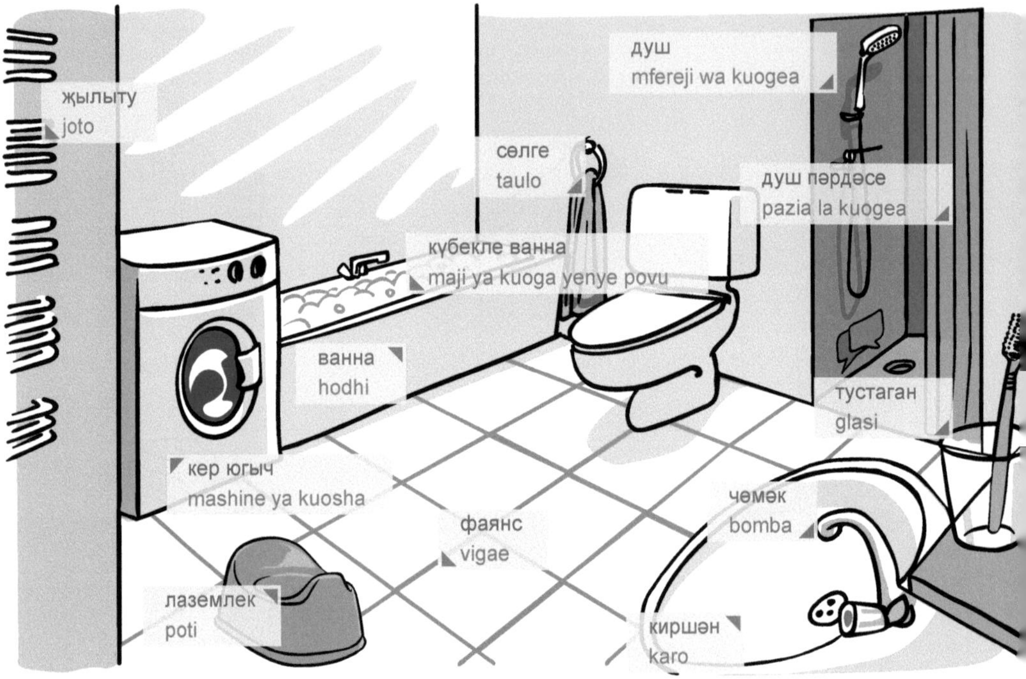

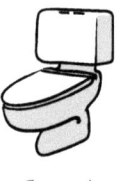

бәдрәф

choo

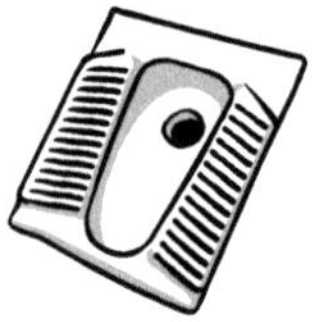

төрекчә бәдрәф

choo cha squat

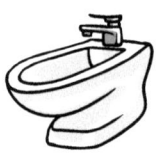

биде

beseni la mviringo

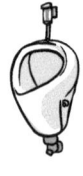

писсуар

choo cha umma

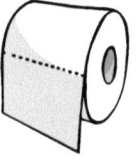

бәдрәф кәгазе

shashi

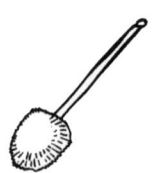

бәдрәф фырчасы

brashi ya choo

теш фырчасы

mswaki

теш мәгъжүне

dawa ya meno

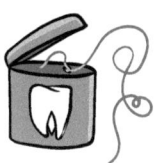

теш җебе

dawa ya meno

юарга

safisha

душ башлыгы

kuoga mkono

душ

msukumo wa maji

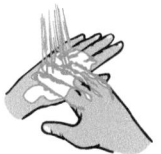

киршән

bonde

арка фырчасы

mpako wa pili

сабын

sabuni

душ сеңәле

jeli ya kuogea

шампунь

shampuu

мунчала

flana

агым

toa maji

крем

krimu

дезодорант

kiondoa harufu

көзге

kioo

кул көзгесе

kioo mkono

өстәрә

kinyozi

кырыну күбеге

povu la kunyoa

кырыну лосьоны

baada ya kunyoa

тарак

kichana

щётка

brashi

фен

kikausha nywele

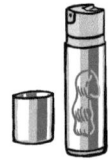

чәч спрее

marashi ya nyewele

макияж

vipodozi

ирен иннеге

kidomwa

тырнак җәләсе

varnish ya msumari

мамык

pamba

тырнак кайчысы

mkasi wa kucha

хушбуй

manukato

макияж букчасы

mkoba wa kuosha

утыргыч

kinyesi

үлчәү

mizani

чоба

nguo ya kuoga

резин иләсә

glavu za mpira

тампон

kisodo

һигиеник пәд

sodo

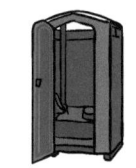

химияви бәдрәф

kemikali choo

бала бүлмәсе
chumba ya mtoto

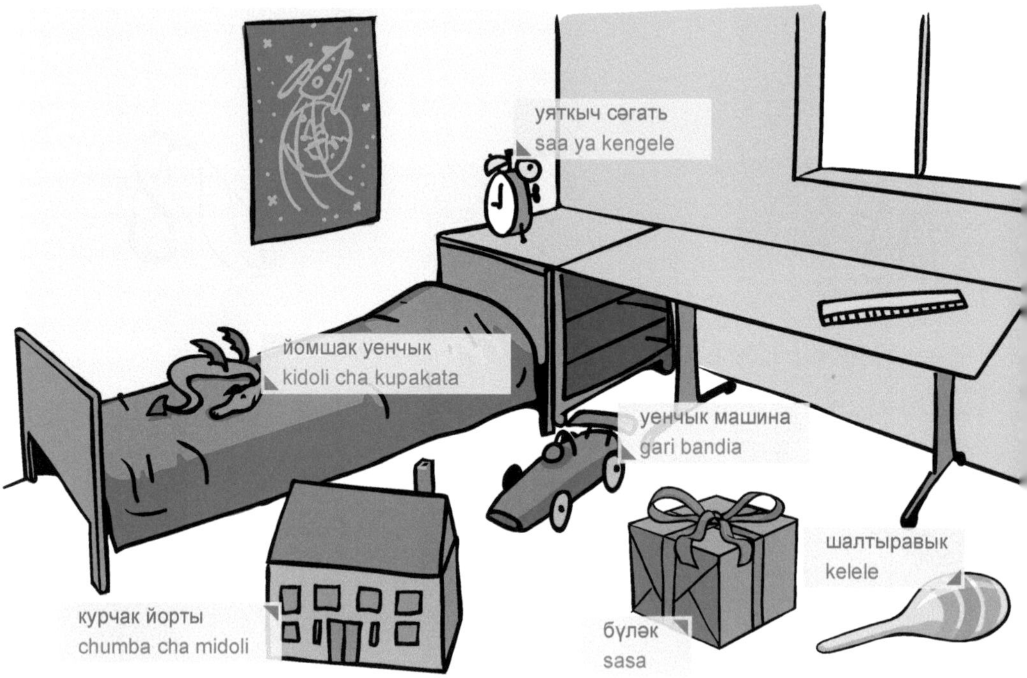
уяткыч сәгать
saa ya kengele
йомшак уенчык
kidoli cha kupakata
уенчык машина
gari bandia
шалтыравык
kelele
курчак йорты
chumba cha midoli
бүләк
sasa

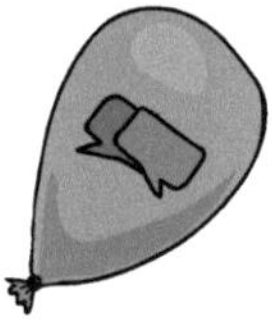

һава шары
baluni

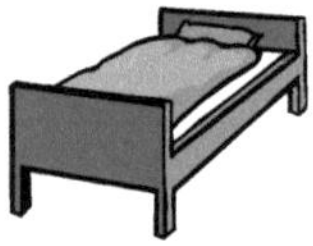

ятак
kitanda

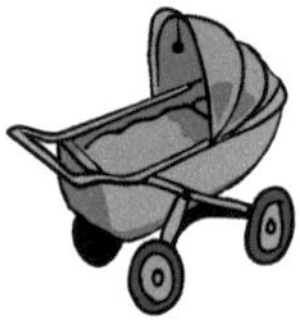

бәби арбасы
mashua

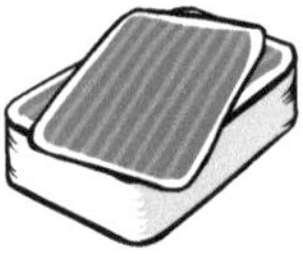

кәрт дәстәсе
staha ya kadi

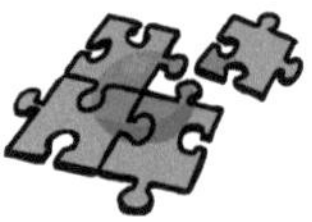

пазл
mchezo-fumb

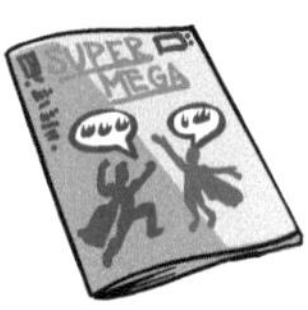
SUPER
MEGA

комикс
vichekesho

лего кирпечләре

matofali lego

шакмаклар

vitalu mwigo

уен сынчыгы

hatua takwimu

зыбын

suti ya kulalia

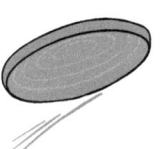

фрисби

kisahani

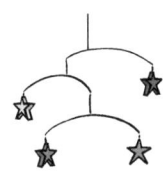

мобиль

simu

өстәл уены

ubao wa michezo

уен ташы

kete

поезд моделе җыелмасы

garimoshi mwigo

имезлек

dummy

кичә

chama

рәсемле китап

picha kitabu

туп

mpira

курчак

kikaragosi

уйнарга

kucheza

комлык

shimo la mchanga

таган

bembea

уенчыклар

vitu bandia

уен кушмасы

kiweko cha video ya mchezo

өч көпчәкле сәпид

baiskeli ya magurudumu

уенчык аю

mwanasesere

кием дулабы

kabati

matatu

кием

nguo

оекбаш

soksi

оек

stokingi

оегыштан

kibano

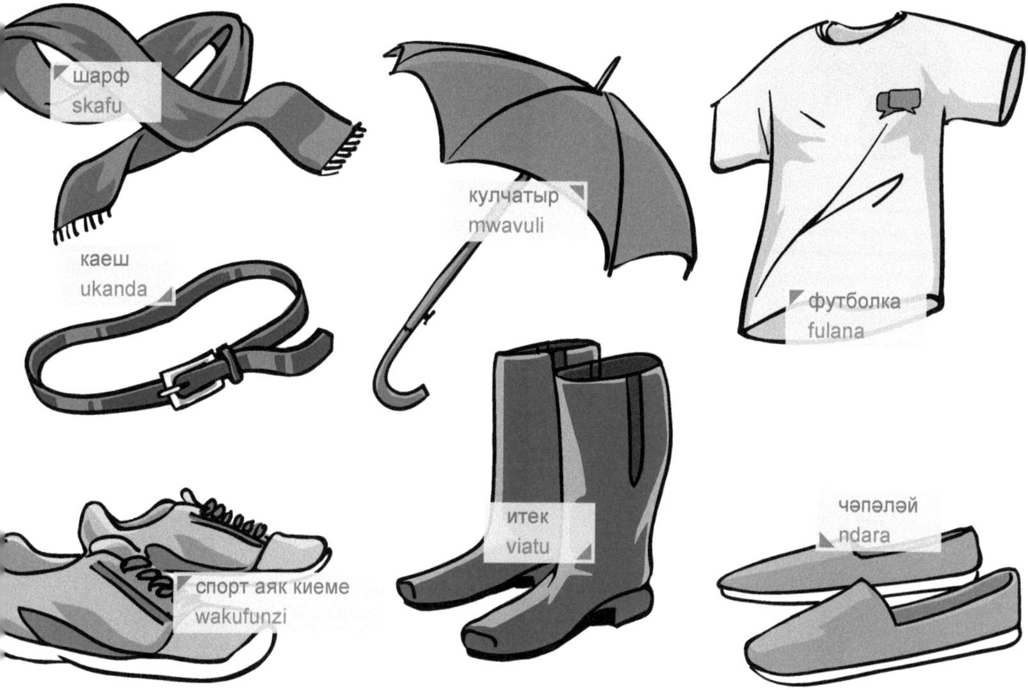

шарф
skafu

каеш
ukanda

кулчатыр
mwavuli

футболка
fulana

спорт аяк киеме
wakufunzi

итек
viatu

чәпәләй
ndara

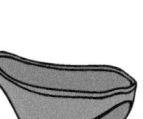

сандаллар
malapa

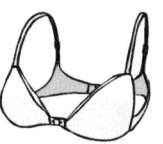

аяк киеме
viatu

резин итек
mabuti ya mpira

тәнбан
suruali ya ndani

түшти
sidiria

жәләк
fulana

кием - nguo

боди

mwili

чалбар

suruali

джинс

dangirizi

итәк

sketi

блузка

blauzi

күлмәк

shati

свитер

vuta

худи

sweta

блейзер

bleza

жакет

jaketi

бишмәт

koti

яңгырлык

koti la mvua

кәчтүм

maleba

күлмәк

gauni

туй күлмәге

mavazi ya harusi

такым кием

suti

төнге күлмәк

vazi la usiku

пижама

pajama

сари

sari

яулык

skafu

чалма

kilemba

бурка

burka

чапан

kaftan

абая

abaya

коену киеме

vazi la kuogelea

йөзү тәнбаны

vazi la kiume la kuogelea

шорт

kaptura

спорт киеме

teitei

алъяпкыч

aproni

иләсә

glavu

төймә
kifungo

күзлек
glasi

беләзек
bangili

муенса
mkufu

балдак
pete

алка
herini

кәпәч
kofia

элгеч
kiango cha koti

эшләпә
kofia

галстук
tai

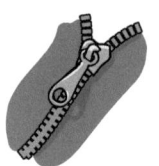

зынҗыр
zipu

очлам
kofia

чалбар асмасы
kanda za suruali

мәктәп формасы
sare za shule

форма
sare

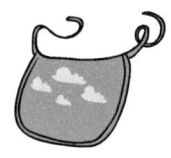

балалар күкрәкчәсе

bibu

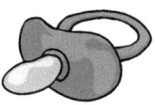

имезлек

dummy

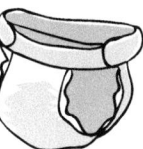

күзәлә

nepi

офис

ofisi

сервер
seva
бума дулабы
kabati la kuweka faili
басак
kichapishaji
күрәк
kiwambo
кәгазь
karatasi
тычкан
kipanya
өстәл
dawati
бума
folda
төймәсар
kibodi
газь чиләге
cha kuweka karatasi chafu
санак
kompyuta
урындык
kiti

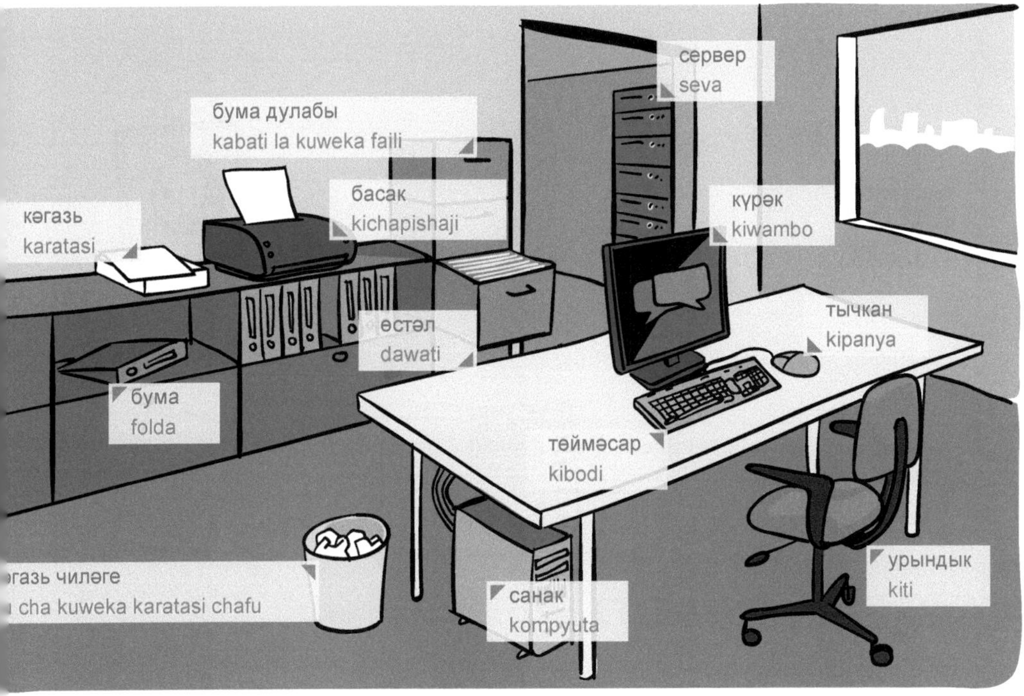

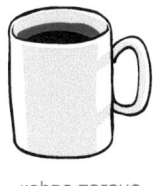

каһвә тәгәче

kmobe la kahawa

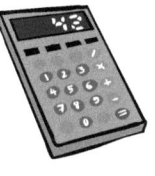

сансанар

kikokotoo

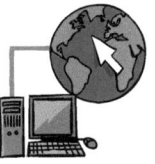

интернет

biashara

ләптоп

mbali

хат

barua

хәбәр

ujumbe

кесә телефоны

rununu

челтәр

intaneti

фотокопияче

fotokopia

програм тәэминаты

programu

телефон

simu

аергыч

soketi

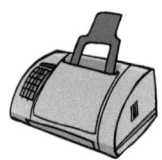

факс

kipepesi

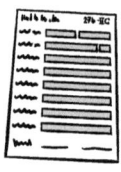

форм

fomu

документ

hati

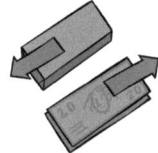

сатып алырга

kununua

түләргә

kulipa

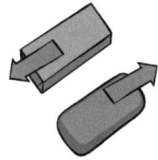

сәүдә итәргә

biashara

акча

fedha

доллар

dola

евро

yuro

иена

yeni

сум

rouble

франк

faranga ya Uswisi

юан

renminbi yuan

рупи

rupia

банкомат

eneo la kulipia

валюта бюросы

ofisi ya ubadilishanaji

алтын

dhahabu

көмеш

fedha

карамай

mafuta

энергия

nishati

бәя

bei

контракт

mkataba

салым

kodi

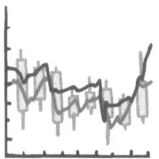

сток

bidhaa

эшләргә

kazi

эшче

mfanyakazi

эш бирүче

mwajiri

фабрика

kiwanda

кибет

duka

һөнәрләр

kazi

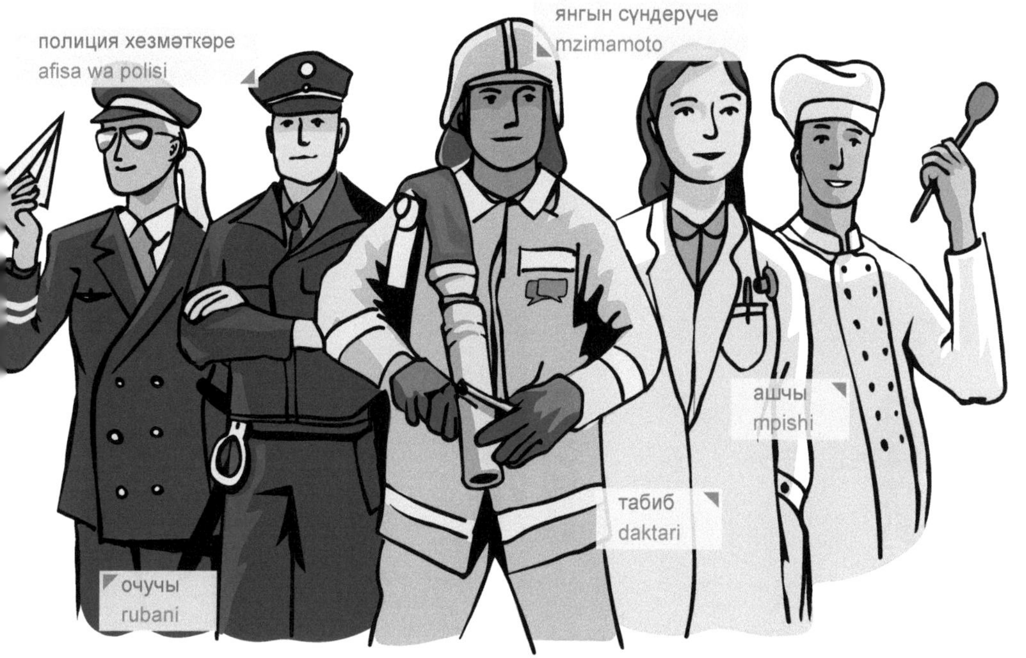
полиция хезмәткәре
afisa wa polisi
янгын сүндерүче
mzimamoto
ашчы
mpishi
табиб
daktari
очучы
rubani

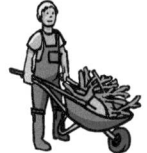

бакчачы

mtunza bustani

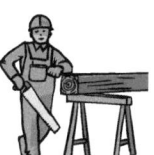

агач остасы

seremala

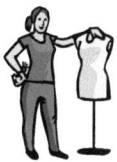

тегүче

mshonaji

хөкемче

hakimu

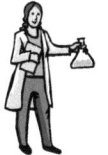

химияче

mwanakemia

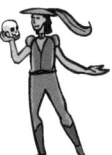

актер

muigizaji

автобус йөртүче

dereva wa basi

таксиче

dereva wa teksi

балыкчы

mvuvi

җыештыручы хатын

mwanamke wa kusafisha

түбә ябучы

mwezekaji

табынчы

mhudumu

аучы

mwindaji

рәссам

mchoraji

икмәкче

mwokaji

электрчы

umeme

төзүче

mjenzi

мөһәндис

mhandisi

итче

mchinjaji

чөмәкче

fundi bomba

ямылчы

mwanaposta

гаскәри

mwanajeshi

мигъмар

msanifu majengo

кассир

keshia

чәчәкче

muuza maua

чәчтараш

msusi

кондуктор

kondakta

механик

mekanika

капитан

nahodha

теш табибы

daktari wa meno

галим

mwanasayansi

раввин

rabbi

имам

imamu

кәшиш

mtawa

рухани

kasisi

аләтләр

zana

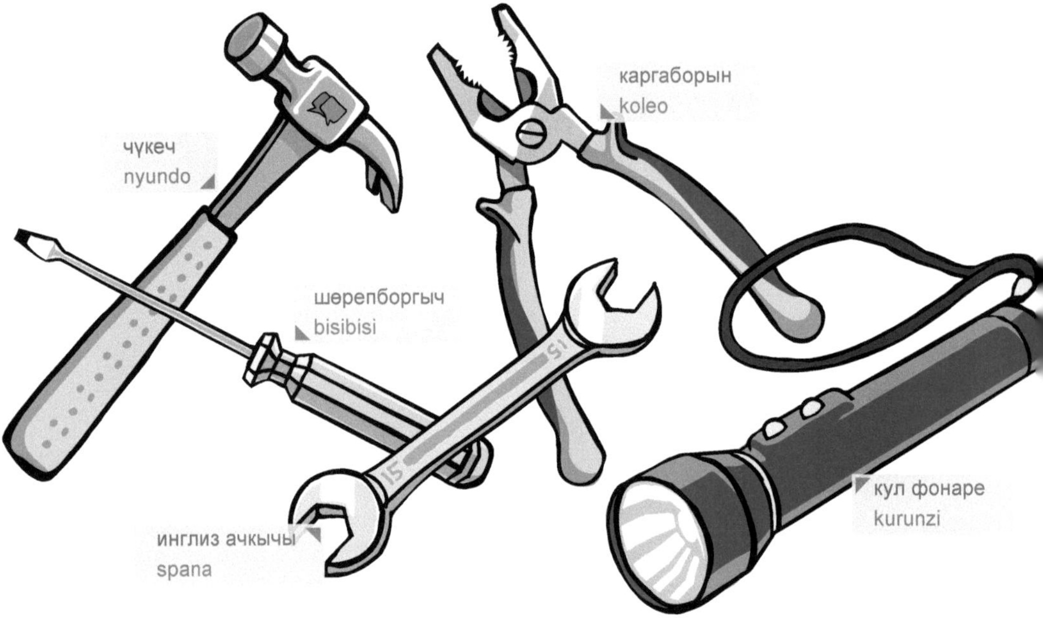
чүкеч
nyundo
каргаборын
koleo
шөрепборгыч
bisibisi
инглиз ачкычы
spana
кул фонаре
kurunzi

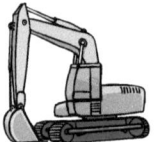

казу машинасы

mchimbaji

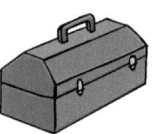

аләт букчасы

sanduku la vifaa

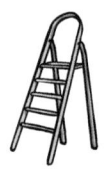

баскыч

ngazi

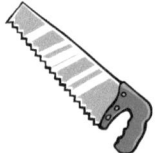

пычкы

msumeno

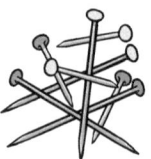

кадаклар

misumari

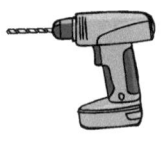

дрель

kuchimba visima

төзәтергә

kukarabati

көрәк

sepetu

Шайтан алгыры!

Lo!

соскы

kishikio cha uchafu

буяу савыты

chungu cha rangi

мыклар

skurubu

музыка аләтләре
ala za muziki

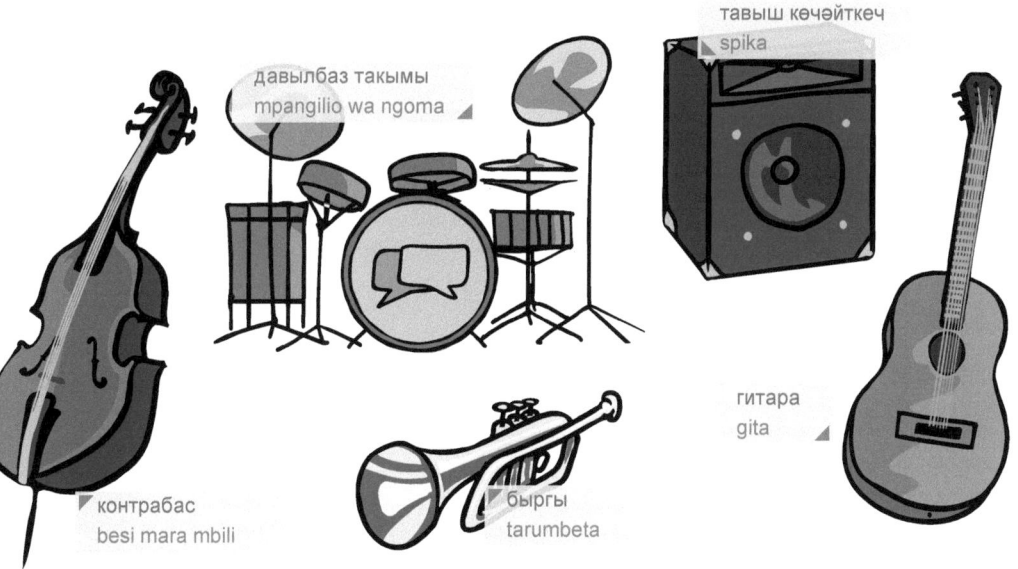

давылбаз такымы
mpangilio wa ngoma

тавыш көчәйткеч
spika

контрабас
besi mara mbili

быргы
tarumbeta

гитара
gita

пианино

piano

кәман

fidla

бас-гитара

ubeji

тимпани

timpani

давылбаз

ngoma

төймәсар

kibodi

саксофон

saksafoni

флейта

filimbi

микрофон

maikrofoni

хайван бакчасы

bustani ya wanyama

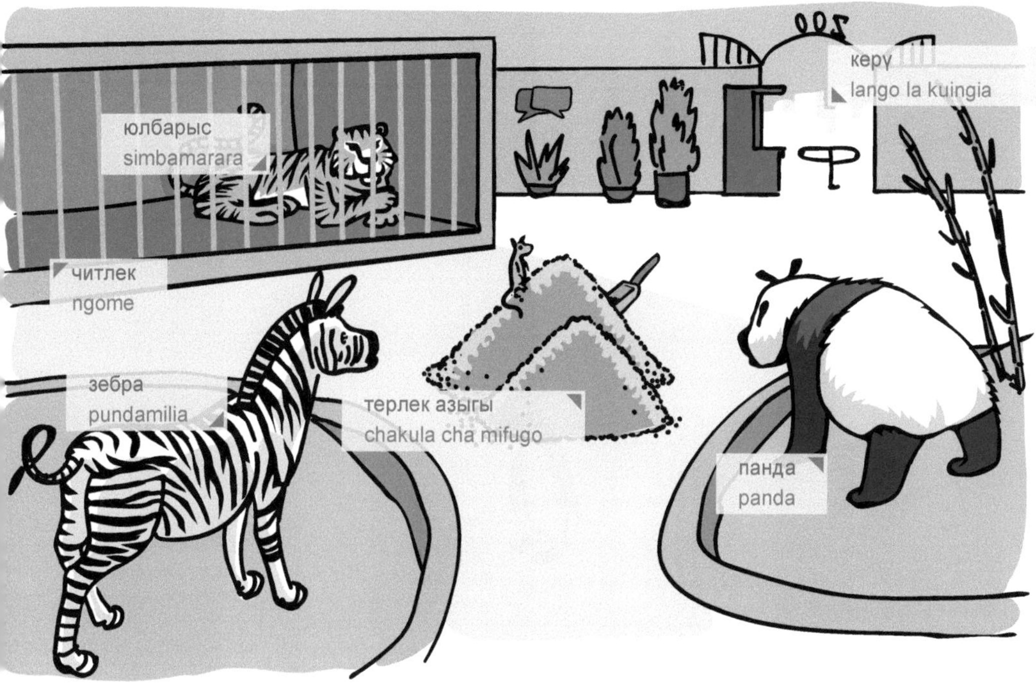
керү
lango la kuingia
юлбарыс
simbamarara
читлек
ngome
зебра
pundamilia
терлек азыгы
chakula cha mifugo
панда
panda

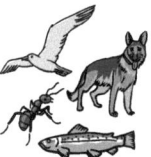

хайваннар

wanyama

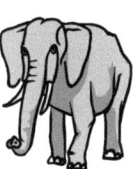

фил

tembo

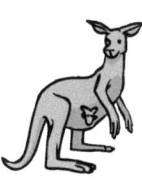

көнгерә

kangaruu

кәркәдән

kifaru

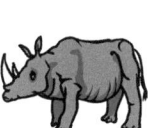

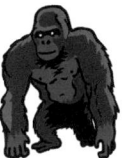

горилла

sokwe

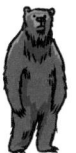

аю

dubu

дөя

ngamia

тәвә кошы

mbuni

арыслан

simba

маймыл

tumbili

фламинго

heroe

тутый кош

kasuku

ак аю

dubu

пингвин

penguini

күпек балыгы

papa

тавис

tausi

елан

nyoka

тимсах

mamba

хайван бакчасы
хезмәткәре
mtunza wanyama

су эте

muhuri

ягуар

jaguar

хайван бакчасы - bustani ya wanyama

пони

mwanafarasi

каплан

chui

су айгыры

kiboko

зөрәфә

twiga

бөркет

tai

кабан дуңгызы

nguruwe mwitu

балык

samaki

ташбака

kobe

морж

sili

төлке

mbweha

газәл

paa

Америка футболы
soka ya marekani

сәпид
uendeshaji baiskeli

теннис
tenisi

баскетбол
mpira wa kikapu

йөзү
kuogelea

бокс
ndondi

хоккей
magongo ya barafuni

футбол
soka

бадминтон
vinyoya

атлетика
riadha

гандбол
mpira wa mikono

чаңгы
skii

поло
polo

иткенлеклəр
shughuli

сикерергə
kuruka
кочакларга
kumbatia
көлəргə
cheka
йөрергə
kutembea
җырларга
kuimba
хыялланырга
ota ndoto
гыйбадəт кылырга
kuomba
үбəргə
busu

язарга

kuandika

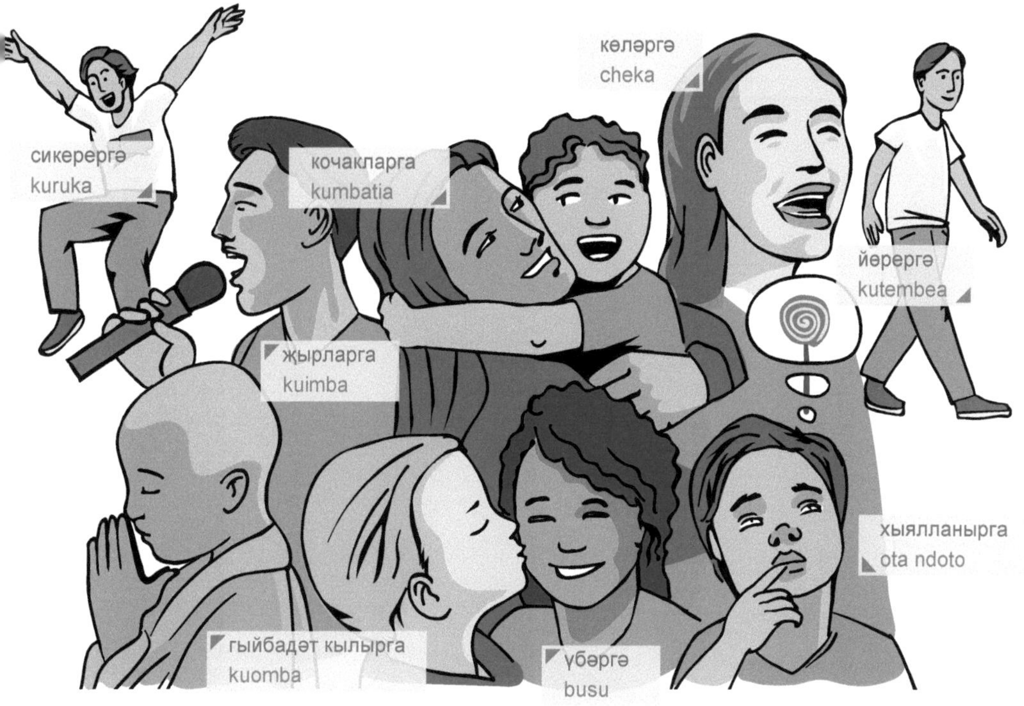

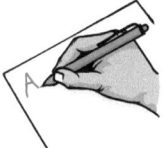

рəсем ясарга

kuteka

күрсəтергə

angalia

этəргə

sukuma

бирергə

kutoa

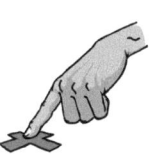

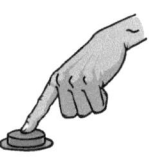

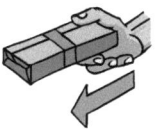

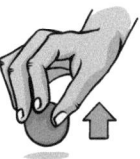

алырга

kuchukua

ия булырга

kuwa

эшләргә

fanya

булырга

kuwa

басып торырга

kusimama

йөгерергә

kukimbia

тартырга

vuta

ташларга

kutupa

егылырга

kuanguka

ятарга

hadaa

көтәргә

kusubiri

ташырга

kubeba

утырырга

kukaa

киенергә

vaa nguo

йокларга

usingizi

уянырга

kuamka

карарга

kuangalia

еларга

lia

сыйпарга

kiharusi

тарарга

chana nywele

сөйләшергә

ongea

аңларга

kuelewa

сорарга

kuuliza

тыңларга

kusikiliza

эчәргә

kunywa

ашарга

kula

җыештырынырга

nadhifisha

сөяргә

upendo

пешерергә

mpishi

сөрергә

gari

очарга

kuruka

диңгезгә ачылу

meli

исәпләү

kokotoa

укырга

kusoma

өйрәнергә

kujifunza

эшләргә

kazi

өйләнергә

kuoa

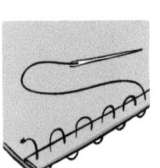

тегәргә

kushona

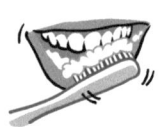

теш фырчаларга

piga mswaki

үтерергә

kuua

тәмәке тартырга

moshi

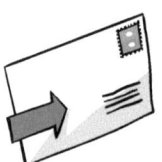

җибәрергә

kutuma

гаилә
familia

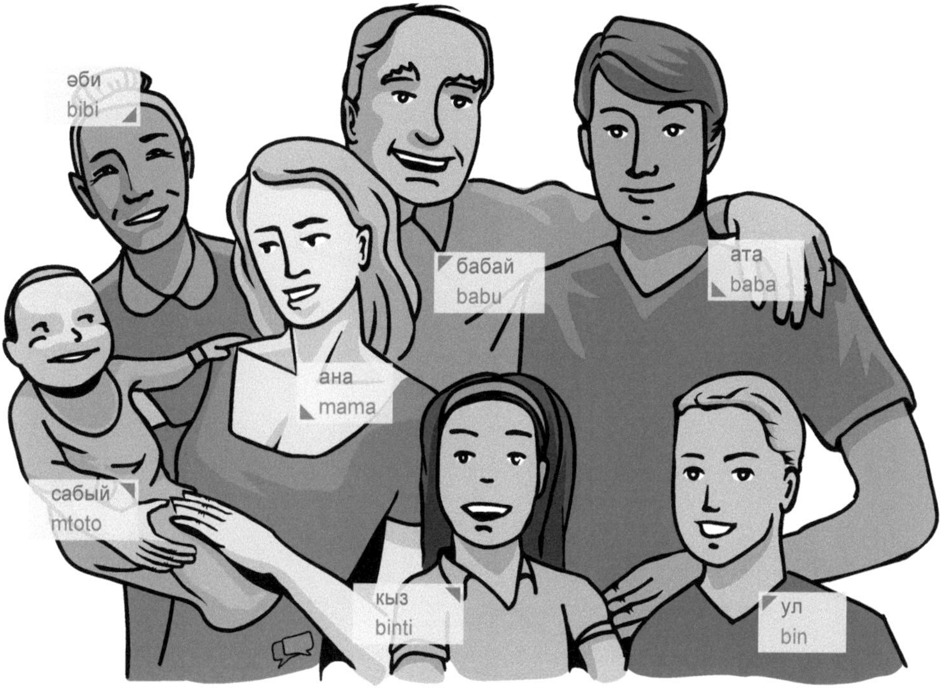

әби
bibi
бабай
babu
ата
baba
ана
mama
сабый
mtoto
кыз
binti
ул
bin

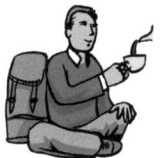

кунак
mgeni

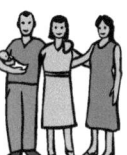

апа
shangazi

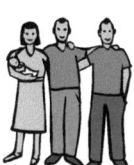

абый
mjomba

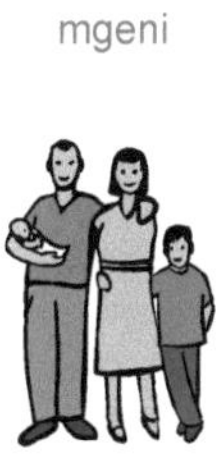

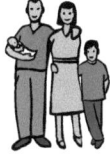

абый / эне
kaka

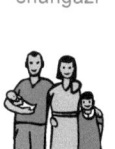

апа / сеңел
dada

тән

mwili

маңгай
paji la uso
күз
jicho
иңбаш
bega
бармак
kidole
бит
uso
ияк
kidevu
кул чугы
mkono
аяк
mguu
күкрәк
matiti
кул
mkono

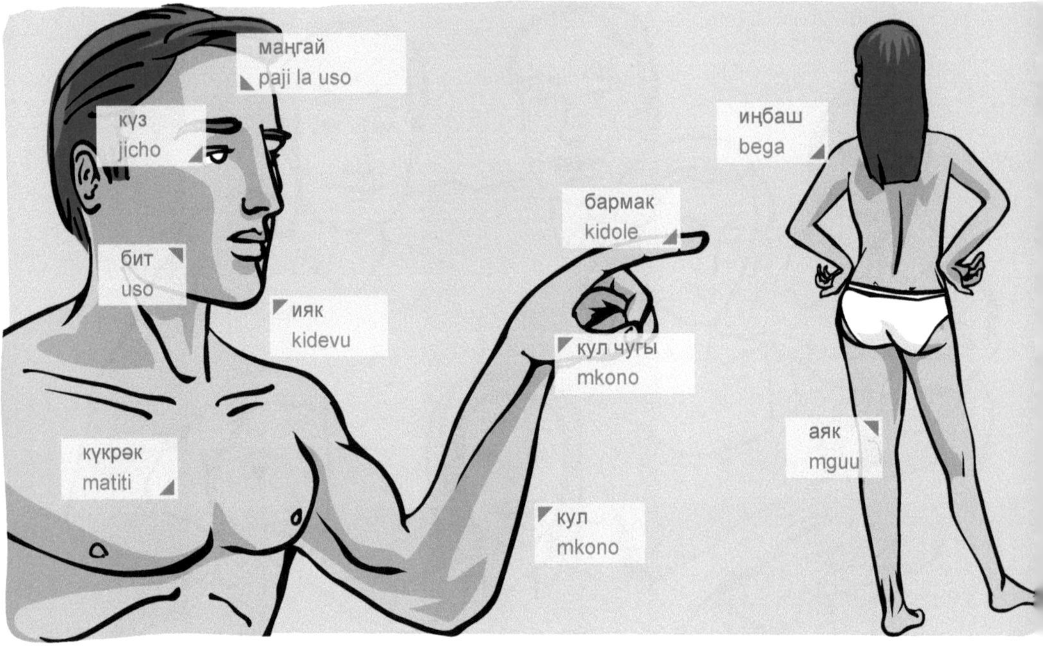

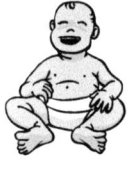

сабый

mtoto

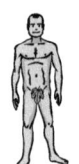

ир

mwanamume

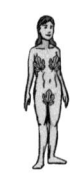

хатын

mwanamke

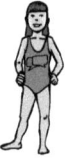

кыз

msichana

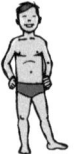

малай

mvulana

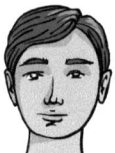

баш

kichwa

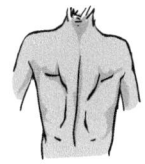

арка

nyuma

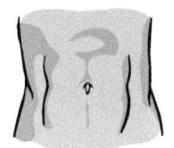

эч

tumbo

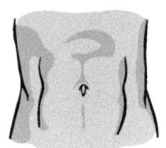

кендек

kitovu

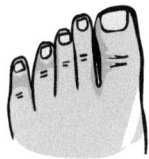

аяк бармагы

chano

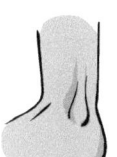

үкчə

kisigino

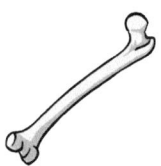

сөяк

mfupa

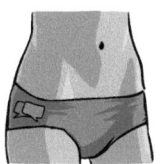

бот

nyonga

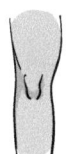

тез

goti

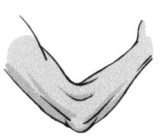

терсәк

kiwiko

борын

pua

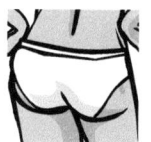

арт сан

chini

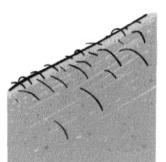

тире

ngozi

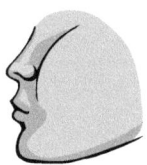

яңак

shavu

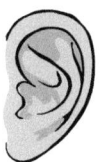

колак

sikio

ирен

mdomo

авыз

kinywa

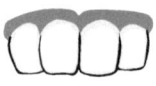

теш

jino

тел

ulimi

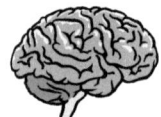

ми

ubongo

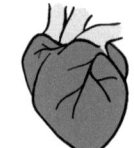

йөрәк

moyo

газлә

misuli

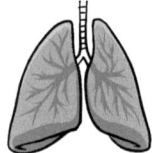

үпкә

pafu

бавыр

ini

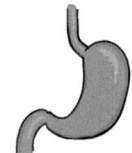

ашказаны

tumbo

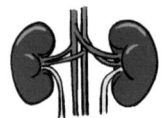

бөерләр

figo

секс

jinsia

презерватив

kondomu

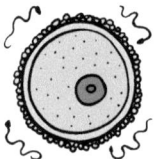

күкәй күзәнәк

ovari

мәни

shahawa

көмән

mimba

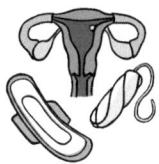

күрем

hedhi

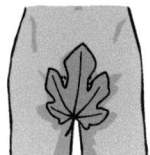

вагина

uke

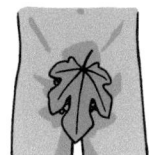

пенис

uume

каш

unyusi

чәчләр

nywele

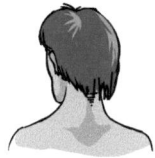

муен

shingo

хастаханә
hospitali

хастаханә
hospitali

ашыгыч ярдәм
gari la wagonjwa

тәгәрмәчле урындык
kiti cha magurudumu

сыну
jeraha

табиб
daktari

ашыгыч ярдәм бүлмәсе
chumba cha dharura

шәфкать туташы
muuguzi

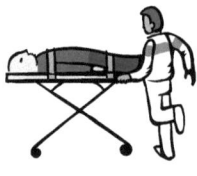

кичектергесез хәл
dharura

аңсыз
kupoteza fahamu

авырту
maumivu

җәрәхәтләнү

kuumia

кан агу

kutokwa na damu

инфаркт

mshtuko wa moyo

инсульт

kiharusi

аллергия

mzio

ютәл

kikohozi

кызу

homa

грипп

mafua

эч китү

kuharisha

баш авырту

maumivu ya kichwa

яман шеш

kansa

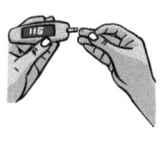

диабет

ugonjwa wa kisukari

хирург

daktari mpasuaji

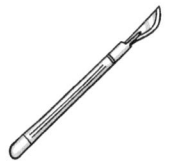

скальпель

kisu kidogo cha kupasulia

гамәлият

operesheni

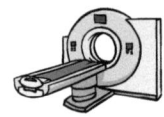

CT

picha changanufu ya mwili

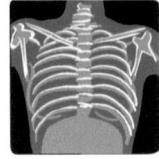

рентген

Eksrei

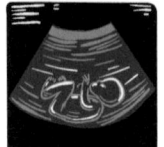

ультратавыш

mawimbi sauti

битлек

barakoa ya uso

авыру

ugonjwa

көтү бүлмәсе

chumba cha kusubiri

култык таягы

mkongojo

пластырь

plasta

бәйләвеч

bendeji

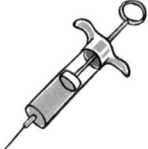

кадау

sindano

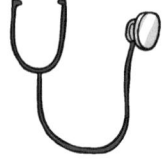

стетоскоп

stetoskopu

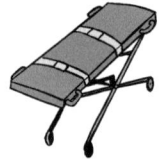

сәдия

machela

клиник термометр

kipimajoto cha kliniki

туу

kuzaliwa

артык авырлык

unene kupita kiasi

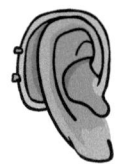

ишетү җиһазы

kusikia misaada

дезинфектант

kipukusi

йогыш

maambukizi

вирус

virusi

КИВ / БИДС

VVU / UKIMWI

дару

dawa

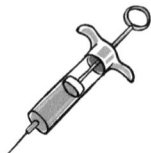

вакциналану

chanjo

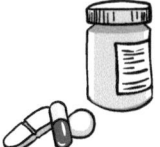

таблетлар

vidonge

контрацептив таблет

kidonge

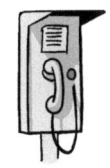

ашыгыч чакыру

simu ya dharura

кан басымы үлчәгече

haemodainamometa

авыру / сәламәт

mgonjwa / mwenye afya

Коткарыгыз!

Msaada!

һөҗүм

pigo

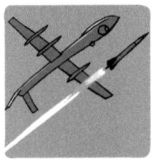

һөҗүм

shambulizi

куркыныч

hatari

ашыгыч чыгу

lango la dharura

Янгын!

Moto!

хәвеф тавышы

kengele

каза

ajali

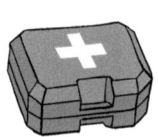

беренче ярдәм букчасы

vifaa vya huduma ya kwanza

ут сүндергеч

kizima moto

SOS

wito wa msaada

полиция

polisi

Аурупа

Ulaya

Төньяк Америка

Amerika ya Kaskazini

Көньяк Америка

Amerika ya Kusini

Африка

Afrika

Азия

Asia

Австралия

Australia

Атлантик океан

Atlantiki

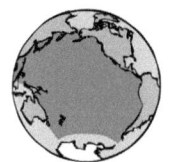

Тын океан

Pasifiki

Һинд океаны

Bahari ya Hindi

Антарктик океан

Bahari ya Antaktiki

Арктик океан

Bahari ya Aktiki

Төньяк котып

Ncha ya Kaskazini

Көньяк котып

Ncha ya Kusini

Антарктика

Antaktika

Җир

dunia

коры җир

nchi

диңгез

bahari

утрау

kisiwa

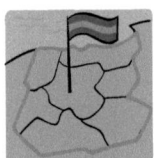

милләт

taifa

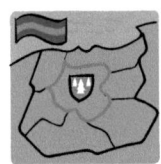

дәүләт

jimbo

сәгать бите

uso wa saa

сәгать угы

akrabu ya saa

минут угы

akrabu ya dakika

секунд угы

akrabu ya sekunde

Сәгать ничә?

Ni saa ngapi?

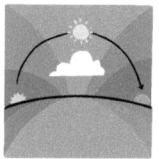

көн

siku

вакыт

wakati

хәзер

sasa

дижитал сәгать

saa ya dijitali

минут

dakika

сәгать

saa

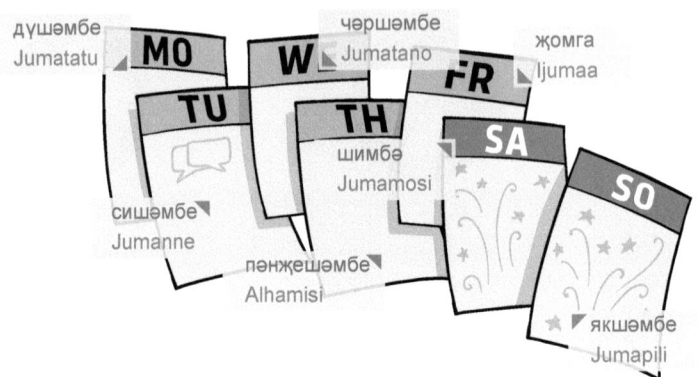

дүшәмбе
Jumatatu

чәршәмбе
Jumatano

җомга
Ijumaa

сишәмбе
Jumanne

шимбә
Jumamosi

пәнҗешәмбе
Alhamisi

якшәмбе
Jumapili

кичә

jana

бүген

leo

иртәгә

kesho

иртә

asubuhi

төш

saa sita mchana

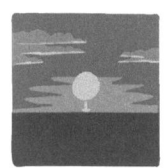

кич

jioni

MO	TU	WE	TH	FR	SA	SU
1	2	3	4	5	6	7
8	9	10	11	12	13	14
15	16	17	18	19	20	21
22	23	24	25	26	27	28
29	30	31	1	2	3	4

эш көннәре

siku za biashara

MO	TU	WE	TH	FR	SA	SU
1	2	3	4	5	6	7
8	9	10	11	12	13	14
15	16	17	18	19	20	21
22	23	24	25	26	27	28
29	30	31	1	2	3	4

ял көннәре

mwishoni mwa wiki

яңгыр
mvua

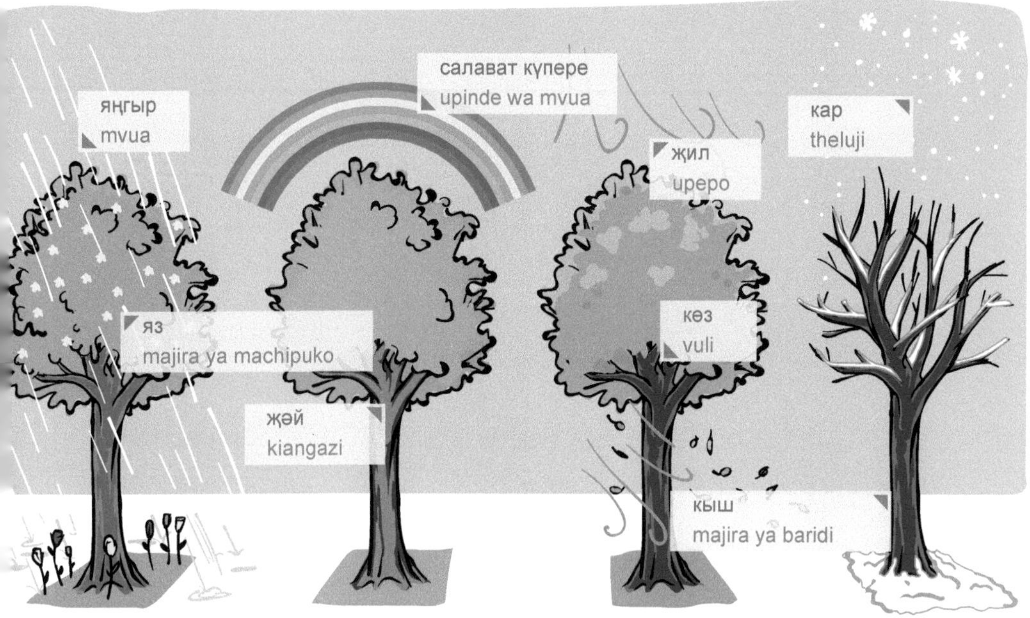

салават күпере
upinde wa mvua

кар
theluji

жил
upepo

яз
majira ya machipuko

көз
vuli

жәй
kiangazi

кыш
majira ya baridi

hава торышы

utabiri wa hali ya hewa

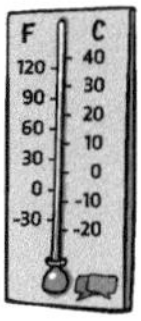

термометр

kipimajoto

кояш яктысы

mwanga wa jua

болыт

wingu

томан

ukungu

дымлылык

unyevu

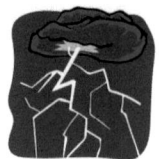

яшен

umeme

күк күкрәү

radi

давыл

dhoruba

боз

mvua ya mawe

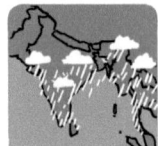

муссон

monsuni

су басу

mafuriko

боз

barafu

гыйнвар

Januari

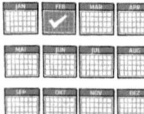

февраль

Februari

март

Machi

апрель

Aprili

май

Mei

июнь

Juni

июль

Julai

август

Agosti

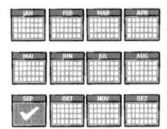

сентябрь

Septemba

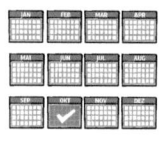

октябрь

Oktoba

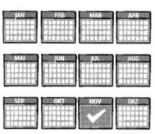

ноябрь

Novemba

декабрь

Desemba

формалар
maumbo

түгәрәк

mduara

дүрткел

mraba

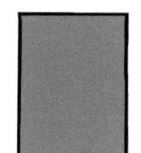

турыпочмак

mstatili

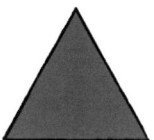

өчпочмак

pembetatu

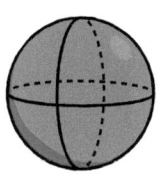

шар

nyanja

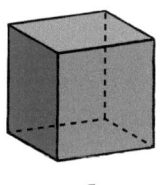

куб

mchemraba

ак

nyeupe

сары

manjano

кызгылт сары

chungwa

ал

rangi ya waridi

кызыл

nyekundu

шəмəхə

hudhurungi

зəңгəр

bluu

яшел

kijani

көрəн

hanja

соры

jivujivu

кара

nyeusi

күп / аз

mengi / kidogo

усал / тыныч

hasira / pole

матур / ямьсез

nzuri / mbaya

баш / ахыр

mwanzo / mwisho

зур / кечкенә

kubwa / ndogo

якты / караңгы

angavu / giza

абый, эне / апа, сеңел

kaka / dada

таза / пычрак

safi / chafu

тәмам / тәмамланмаган

kamilika / tokamilika

көн / төн

siku / usiku

үле / тере

wafu / hai

киң / тар

pana / nyembamba

ашарга яраклы / ашарга
яраксыз

kulika / kutolika

яман / яхшы

ovu / ema

дулкынланган / ялыккан

sisimkwa / udhika

юан / ябык

nene / nyembamba

беренче / соңгы

kwanza / mwisho

дус / дошман

rafiki / adui

тулы / буш

jaa / tupu

каты / йомшак

ngumu / laini

авыр / җиңел

nzito / nyepesi

ачлык / сусау

njaa / kiu

авыру / сәламәт

mgonjwa / mwenye afya

канунсыз / канунлы

haramu / kisheria

акыллы / акылсыз

akili / kijinga

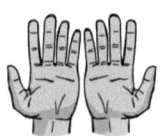

сул / уң

kushoto / kulia

якын / ерак

karibu / mbali

яңа / кулланылган

mpya / kutumika

һичнәрсә / нәрсәдер

kitu / jambo

өлкән / яшь

zee / changa

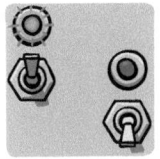

кабыздырылган / сүндерелгән

waka / zima

ачык / ябык

wazi / fungwa

тавышсыз / гөрелтеле

utulivu / kelele

бай / ярлы

tajiri / masikini

дөрес / ялгыш

sahihi / kosa

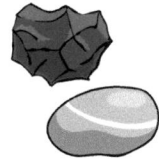

кытыршы / шома

mbaya / laini

күңелсез / күңелле

huzunika / furahia

кыска / озын

fupi /ndefu

акрын / тиз

polepole / haraka

дымлы / коры

nyevu / kavu

җылы / салкын

joto / baridi

сугыш / тынычлык

vita / amani

0

сыфыр

sufuri

1

бер

moja

2

ике

mbili

3

өч

tatu

4

дүрт

nne

5

биш

tano

6

алты

sita

7

җиде

saba

8

сигез

nane

9

тугыз

tisa

10

ун

kumi

11

унбер

kumi na moja

12

унике

kumi na mbili

13

унеч

kumi na tatu

14

ундүрт

kumi na nne

15

унбиш

kumi na tano

16

уналты

kumi na sita

17

унҗиде

kumi na saba

18

унсигез

kumi na nane

19

унтугыз

kumi na tisa

20

егерме

ishirini

100

йөз

mia

1.000

мең

elfu

1.000.000

миллион

milioni

инглизчэ

Kiingereza

Америка инглизчэсе

Kiingereza cha Marekani

Мандарин кытайчасы

Kimandarini cha Uchina

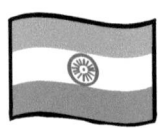

һинди

Kihindi

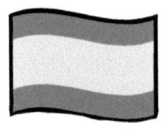

испанча

Kihispania

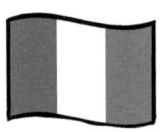

французча

Kifaransa

гарэпчэ

Kiarabu

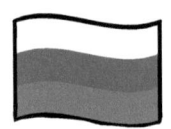

русча

Kirusi

португалча

Kireno

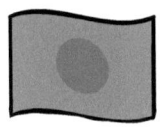

бенгали

Kibengali

алманча

Kijerumani

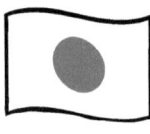

японча

Kijapani

мин

mimi

син

wewe

ул / ул / ул

yeye / yeye / ni

без

sisi

сез

wewe

алар

wao

кем?

nani?

нәрсә?

nini?

ничек?

jinsi gani?

кайда?

wapi?

кайчан?

lini?

исем

jina

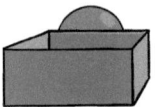

артта

nyuma

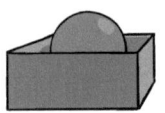

эчендә

katika

алда

mbele ya

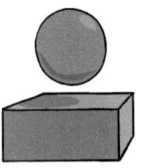

өстендә

juu ya

өстенә

kwenye

астында

chini ya

янында

kando

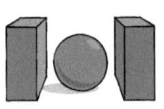

арасында

kati

урын

mahali